Les valeurs

Donner du sens
Guider la communication
Construire la réputation

Éditions d'Organisation
Groupe Eyrolles
61, bd Saint-Germain
75240 Paris Cedex 05

www.editions-organisation.com
www.editions-eyrolles.com

Wellcom a été nommée « Agence de l'année 2008 »

Thierry Wellhoff

Les valeurs

Donner du sens
Guider la communication
Construire la réputation

Deuxième édition

EYROLLES
Éditions d'Organisation

Sommaire commenté

Valeur boursière, chaîne de valeur ou valeur d'échange, le terme valeur qui désignait initialement la bravoure revêt une multitude de significations. Alors que la référence aux valeurs est largement utilisée dans la littérature destinée au monde des affaires, ce chapitre a pour objet d'éclairer dans le contexte de l'entreprise le sens du mot valeur.

* Les valeurs, socle de l'éthique d'entreprise

Domaine de référence le plus usuel des valeurs lorsque l'on parle du sujet en entreprise, ce chapitre traite d'abord des valeurs sous l'angle éthique, et de leur traduction sous forme de chartes éthiques et de guides de bonne conduite.

* Les valeurs, au cœur de l'identité et du concept de marque

Cette partie traite de l'aspect identitaire des valeurs souvent mentionné dans les livres de marketing. Il s'agit ici des valeurs de marque, plus précisément des valeurs de la marque-entreprise. Une revue des différentes références utilisées pour l'analyse des marques sous l'angle des valeurs.

Avec l'Internet, tous les messages de l'entreprise viennent tôt ou tard sur la place publique. La segmentation entre l'entreprise « tout marketing » et l'entreprise « tout institutionnel » n'est bientôt plus possible. La segmentation entre valeurs de marque et valeurs éthiques devra disparaître pour laisser la place à des valeurs fédératrices, porteuses de sens pour l'ensemble de l'entreprise. Elles constituent le code génétique de l'entreprise.

Partie 2 - Connaître les valeurs

Les valeurs citées par les entreprises donnent ici lieu à une classification en 8 familles de valeurs : valeurs de compétence, gagnantes, de conduite, sociétales, relationnelles, morales, d'épanouissement, sociales. Ces différentes familles sont organisées en une cartographie des valeurs qui servira d'outil de référence pour comparer les tendances par secteur d'activité et les valeurs à l'international.

Ce chapitre, inspiré de l'Index des Valeurs Corporate®, traite des classements des valeurs corporate retenues par les entreprises françaises. Ce classement permet de voir les évolutions sur deux vagues d'études consécutives. Il donne lieu à des classements par taille d'entreprise et par grands secteurs d'activité. Un focus est réalisé sur les dix premières valeurs retenues par les entreprises françaises.

Après une rapide synthèse des représentations des valeurs sur différents continents, ce chapitre propose une synthèse des résultats de l'Index International des Valeurs Corporate®, étude réalisée dans dix pays européens, ainsi que l'Inde et les États-Unis.

Partie 3 – Engager une démarche valeurs

À partir du relevé des meilleures pratiques et des interventions réalisées dans les entreprises, ce chapitre propose un guide de formalisation des valeurs.

Les meilleures pratiques pour déployer et communiquer les valeurs, et à partir de celles-ci, un focus particulier sur l'utilisation des valeurs dans la communication et sur le management des valeurs.

Les dix raisons qui doivent conduire à mener en profondeur une démarche valeurs, avec les bienfaits qu'une entreprise peut en retirer. Des bénéfices d'ordre stratégique, managérial, marketing, sociétal et de réputation.

AVANT-PROPOS

Le sujet des valeurs, dans la littérature d'entreprise, a déjà été abordé de nombreuses et différentes manières. Dans le domaine de la déontologie avec, en particulier, le livre de Jean-François Claude, *Le Management par les valeurs*[1], mais aussi dans le domaine du marketing, au travers de nombreux ouvrages sur la marque comme ceux de Jean-Noël Kapferer[2] et de Marie-Claude Sicard[3] pour ne citer qu'eux. Néanmoins, le sujet des valeurs porte en lui-même suffisamment d'ambiguïté et d'ambivalence pour mériter de s'y arrêter davantage et être aujourd'hui abordé dans son ensemble.

Affirmons-le d'emblée, une réflexion sur les valeurs révèle beaucoup de potentiel et offre aux entreprises de nouvelles perspectives :

- la vision et le partage du projet d'entreprise, en réponse notamment à la demande croissante de «sens» des collaborateurs mais aussi des clients, des actionnaires, des parties prenantes... L'équipe de management est concernée par cette dimension ;

- la conduite des affaires, qui demande une éthique plus affirmée. C'est la vision privilégiée par le management et les directions des ressources humaines ;

- le pilotage des stratégies de communication, qui a aujourd'hui besoin de lignes de force à la fois plus claires et plus pérennes, donc plus profondes. Les directions de la communication et du marketing sont, bien sûr, les plus sensibles à cette vision.

---

1. Jean-François Claude *Le Management par les valeurs*, Éditions Liaisons, 2e édition, 2003.
2. Jean-Noël Kapferer, *Les Marques, capital de l'entreprise*, Eyrolles, 2007.
3. Marie-Claude Sicard, *Identité de marque*, Eyrolles, 2e édition, 2008.

On peut d'ailleurs se poser la question de ce qu'est au juste une entreprise. Et surtout qui est l'entreprise ? Est-ce le patron ou plus généralement les cadres dirigeants ? Les salariés ? Les actionnaires ? Tous à la fois ? Mais pourquoi auraient-ils tous les mêmes valeurs ? Le management a-t-il le droit de soumettre ses valeurs aux salariés ? Est-il tenu de se soumettre aux valeurs de l'actionnaire ? L'entreprise, finalement, est une abstraction et, précisément, l'un des buts de l'équipe de management est d'en faire quelque chose de concret et de vivant. Bien souvent, ce seront les valeurs qui pourront l'y aider.

Mais si les valeurs sont si stratégiques, pourquoi leur définition n'est-elle pas abordée avec plus de sérieux, et dès la création d'une entreprise ? Si le cas est, disons-le franchement, encore trop rare, de plus en plus d'entreprises (les très grandes bien sûr, mais également aujourd'hui la plupart des PME) aujourd'hui considèrent les valeurs comme un sujet de toute première importance.

Depuis 1981, l'agence Wellcom s'intéresse aux valeurs. Mais à sa création, en évoquant exclusivement les valeurs de la marque, nous nous intéressions essentiellement à leur rôle en termes de marketing. À titre d'exemple, pour telle marque-produit, nous parlions de valeurs d'authenticité ou d'efficacité, pour telle marque-entreprise, de pérennité ou de légitimité. Mais c'est alors que sont apparues, au milieu des années 1990, dans de plus en plus de sociétés, des valeurs comme l'«intégrité» ou le «respect du client» qui étaient mises en avant dans les plaquettes, les brochures, les guides d'intégration… et affichées jusque dans les halls d'accueil ! Et parfois, si les valeurs affichées se recoupaient avec celles que nous étions amenés à recommander à nos clients, celles-ci étaient d'une nature tellement différente qu'il s'avérait le plus souvent impossible d'espérer y trouver la moindre cohérence.

Loin de vouloir caractériser l'identité de l'entreprise, elles ambitionnaient une attitude, des comportements, bien (trop ?) souvent une morale pour leurs collaborateurs. Il faut bien le dire, celles-ci avaient de quoi laisser perplexes. Que penser en effet d'une entreprise qui affiche haut et fort son «honnêteté» parmi ses principales valeurs ? «À la troisième fois où un interlocuteur me parle de son honnêteté, je regarde si j'ai toujours mon portefeuille», nous a-t-on dit un jour… une attitude illustrant assez bien la méfiance que la référence aux valeurs réveille en nous.

Et il n'était pas rare que les entreprises affichent plus de dix valeurs. Celles-ci, n'ayant rien en commun avec les valeurs de marque, annonçaient, sans autre forme de réflexion : «satisfaction client, souplesse, réactivité» et autre «disponibilité». Des valeurs revendiquées comme «éthiques», mais qui résonnaient bien davantage comme des promesses marketing.

De cela, nous avons été amenés à comprendre que sous le même mot «valeur», cohabitaient des notions très disparates et des valeurs qui n'avaient pas justement la même «valeur». Il devait donc exister une incompréhension fondamentale sur le terme et une confusion sur la nature même des valeurs en entreprise.

Persuadée que le sujet portait en lui-même, au-delà de son incompréhension, le germe de possibilités insoupçonnées, notre agence a pris deux décisions : la première a été de constituer un groupe «expert» pour mener une réflexion en profondeur sur les valeurs, la seconde de lancer un programme d'études pour tenter de mieux comprendre les valeurs et d'appréhender les démarches retenues par les entreprises en France et dans le monde.

Le groupe expert – qu'il soit ici vivement remercié – a accepté de nous accompagner dans notre démarche, avec pour mission à la fois de réfléchir à ce qu'était une valeur dans le cadre de l'entreprise et de décrypter les études que nous avions engagées. Composé notamment de Jean-François Claude, expert en déontologie d'entreprise, auteur de *L'Éthique au service du management*[1] et du *Management par les valeurs*[2], de Douglas Rosane, expert en ressources humaines, directeur général d'ISR France, société d'études internationale leader sur la motivation des salariés, aujourd'hui fusionnée à Towers Perrin, Catherine Maurey, docteur

© Groupe Eyrolles

---

1. Jean-François Claude, *L'Éthique au service du management*, éditions Liaisons, 2002.
2. Jean-François Claude, *Le Management par les valeurs*, éditions Liaisons, 2003.

en philosophie, conseiller en éthique d'entreprise, membre du Cercle éthique des affaires et auxquels se sont joints Philippe Lucas, directeur général de Wellcom et Gérard Dahan, de l'Institut Procom. Nous ne voudrions pas non plus oublier deux de nos collaborateurs, Clarence Michel et Clément Trézéguet, dont la patience a su nous accompagner, ainsi que les étudiants de l'ISC et de l'ESAM.

Les études mises en place, de nature à la fois quantitative et qualitative ont été publiées pour la première fois en 2003, puis en 2004, sous le nom d'Indicateur des valeurs®. Celui-ci a pris, en 2006, la dénomination d'«Index des Valeurs®» pour pouvoir être porté au niveau international, avec l'aide du réseau Ecco dont Wellcom est membre fondateur.

Le sujet des valeurs s'est avéré bien plus riche que nous ne l'avions imaginé au départ. Il s'est révélé, au fur et à mesure, comme dépassant largement à la fois le contexte de la déontologie et celui de la communication pour porter une vision globale du management de l'entreprise.

Ce livre, qui a pour vocation d'éclairer les démarches valeur des entreprises ou des institutions, vise de ce fait trois objectifs :

- apporter un éclairage pour définir le sens et donc l'utilité effective des valeurs sous un angle entrepreneurial et managérial ;
- donner un aperçu des valeurs retenues par les entreprises, en France comme à l'international ;
- donner des clés pour aider et accompagner les responsables d'entreprise à formaliser les valeurs et en tirer le meilleur parti dans leur organisation pour leur communication.

La mission de ce livre sera enfin atteinte si celui-ci contribue à ce que les valeurs, bien plus qu'un simple attribut de mode, permettent aux entreprises de mieux partager, en interne comme en externe, le sens de leur action. Et s'il aura pu apporter une aide concrète pour la cohérence de leur communication auprès de leurs différents publics, parmi lesquels leurs collaborateurs, leurs clients et leurs actionnaires mais aussi, *in fine*, la société dans son ensemble.

Partie 1

Comprendre les valeurs

Chapitre 1

Des valeurs ? Quelles valeurs ?

«Valeur» est un mot abondamment utilisé en des sens et circonstances très différents, non seulement dans la vie courante, dans la littérature et les médias, mais aussi dans le monde de l'entreprise. Plus que bien d'autres termes, le mot «valeur» revêt, suivant le contexte historique, social ou culturel, des significations multiples qui ne favorisent pas vraiment sa compréhension immédiate.

Dès son origine, le mot fait appel à une certaine complexité, puisqu'il recouvre des représentations aussi bien concrètes qu'abstraites. Issue du mot latin *valor* et apparue au XIᵉ siècle, la valeur a désigné soit le prix d'un bien, son évaluation dans une perspective économique, soit la bravoure, vertu guerrière d'un homme.

Nous avons conservé dans le langage courant ces deux sens du mot valeur. D'une part, la valeur recouvre une représentation concrète, très rationnelle de choses facilement saisissables, la valeur d'un bien, qui s'exprime avec des montants, des chiffres. Ce sens a toute l'apparence de la rationalité et nous place dans une vision très cartésienne. D'autre part, la valeur peut aussi décrire une chose à laquelle nous attribuons une certaine richesse, mais dans un domaine plus abstrait, moins rationnel, moins aisément mesurable et appréhensif, et par voie de conséquence, ouvert à de multiples interprétations.

Cette double application du terme laisse néanmoins percevoir une unité de sens. Attribuer une valeur à quelque chose est un acte profond, puisque l'objet que nous jugeons se voit doté d'un surcroît de sens qu'il ne possède pas forcément par lui-même. «Est-ce parce qu'on le désire qu'il vaut ou parce qu'il vaut, qu'on le désire ?», questionne d'ailleurs André Comte-Sponville dans *Philosophie de la valeur*[1].

La valeur est, en ce sens, un outil de réflexion et un moyen pour appréhender et se saisir d'une réalité. Et c'est bien là la première «valeur» des valeurs, leur premier intérêt comme nous l'explique Alain Rey, dans l'article qu'il y consacre, dans son *Dictionnaire culturel* :

> *«Une valeur est d'abord ce qui s'oppose au fait, au donné, au phénomène : elle vaut par elle-même et permet ainsi de dépasser le donné en jugeant, en valant comme critère absolu de d'évaluation. [...] une valeur morale, telle que la justice, l'honnêteté, etc., constitue une idée à l'aune de laquelle pourra être jugée toute action. La valeur [...] ne représente pas une norme différentielle, une échelle conventionnelle de comparaison, puisque par principe elle désigne ce à partir de quoi quelque chose peut "valoir".»*[2]

En nous inscrivant dans un rapport direct et impliquant avec le monde, la valeur nous permet de faire le lien entre l'abstrait et le concret, entre l'idée et sa réalisation, entre l'idéal et le réel[3].

Les valeurs ne concernent pas seulement le monde des idées mais aussi, en nous conduisant à nous interroger sur nous-mêmes et sur ce qui nous est donné à apprécier, elles conduisent à l'action. Cette mise en application effective des valeurs – ce moment où de principes spirituels elles deviennent principes d'action – est également décrite par Alain Rey à l'article «Valeur» déjà cité :

> *«[...] Toute valeur n'existe que dans et par la réalisation d'un acte. Le propre d'une valeur est d'abord de se proposer à l'action comme*

---

1. Non publié.
2. Alain Rey, *Dictionnaire culturel*, Le Robert, Paris, 2005, IV, «Valeur», p. 1726.
3. Louis Lavelle, *Traité des valeurs*, PUF, 2e édition, Paris, 1991, I, «Les aspects constitutifs de la valeur», p. 370.

devant être réalisée, avant même d'apparaître comme ce par
rapport à quoi j'évalue ou j'ordonne les actions comme les biens.
Tout acte susceptible de se prêter à un jugement de valeur doué de
sens manifeste une valeur pour laquelle il est à la fois un exemple
et un appel.»[1]

Le thème des valeurs renvoie immédiatement à notre identité la plus profonde et à notre sentiment d'appartenance ou d'exclusion de tel ou tel groupe social. Les valeurs participent aussi d'un va-et-vient permanent entre le collectif et l'individuel. Elles font à la fois appel à ce que nous avons d'intime en renvoyant à la notion de vertu (qui ne peut être qu'individuelle) et à notre adhésion à la société à laquelle nous apportons notre contribution. Cette dimension aussi bien individuelle que collective est sans doute la raison pour laquelle la vision qui a souvent prédominé dans l'entreprise est une vision culturelle inspirée de l'éthique.

Du niveau personnel au niveau collectif, de la personne à la collectivité, la notion de valeur comprend donc l'idée d'un aller et retour entre l'individu et la société dans laquelle il s'inscrit, d'un balancement perpétuel entre le personnel (le particulier) et le communautaire (le général). Adopter des valeurs, c'est adhérer à des fondamentaux généralement partagés.

Parler «valeur», c'est parler de l'homme, c'est aussi parler «culture», au sens d'idées et de comportements auxquels adhère une collectivité. Jean-François Claude affirme d'ailleurs que créer un lien entre l'individu et le collectif est la fonction première et essentielle des valeurs :

«Les valeurs sont un "lieu géométrique" de tensions, tensions
entre l'individuel et le collectif, entre l'individuel constitué par
l'apport du collectif, entre le collectif nourri de la singularité
individuelle. Ces tensions en constituent la dynamique. Entrer
dans le monde des valeurs, c'est affronter cette dialectique de

---

1. Alain Rey, *Dictionnaire culturel*, Le Robert, Paris, 2005, IV, «Valeur», p. 1727.

l'individuel et du collectif qui constitue la grande interrogation de notre époque.»[1]

Une entreprise ne saurait, en effet, être réduite à sa dimension productive et commerciale, ni même à son mode de management. Une entreprise est, de fait, un groupe social, une communauté particulière avec ses règles de fonctionnement et des interactions entre ses membres, qu'il s'agisse de l'entreprise dans son ensemble ou des différents groupes humains qui la composent[2]. À un niveau plus politique, c'est sur une communauté de valeurs que s'appuie l'Union européenne[3].

Comment d'ailleurs concevoir une valeur indépendamment d'un projet, ne serait-ce qu'implicite, de fédération des volontés ? L'existence des valeurs tient au fait que toute société a besoin de commandements implicites ou explicites pour organiser la vie sociale et pour assurer son fonctionnement. La notion de valeur est le corollaire immédiat des concepts de société, de civilisation, de culture. Ce qui ne veut pas forcément dire que l'essentiel pour une société est d'avoir des principes, qu'ils soient «bons» ou «mauvais». Une société établie sur de «mauvais» principes resterait tout de même une société, fut-elle chaotique. Pour autant, il est difficile d'imaginer la survivance prolongée d'une telle société.

Toutes les valeurs seraient-elles donc bonnes à prendre ? Peut-être que oui, mais certaines peuvent et doivent néanmoins être

---

1. Jean-François Claude, *Le Management par les valeurs*, «Des valeurs pour un lien plus efficace entre l'individu et le collectif», Éditions Liaisons, Paris, 2003, p. 75.
2. Comme l'a justement remarqué Marc Guillaume dans «Culture d'entreprise : similitudes et différences», conférence donnée au CEFI (Centre d'Économie et de Finances Internationales) lors des Rencontres économiques d'Aix-en-Provence «L'Europe et les États-Unis», non publiée.
3. Comme le rappelle l'article 1-2 du Projet de traité modifiant le traité sur l'Union européenne «Les valeurs de l'Union» : «L'Union est fondée sur les valeurs de respect de la dignité humaine, de liberté, de démocratie, d'égalité, de l'État de droit, ainsi que de respect des droits de l'homme, y compris des droits des personnes appartenant à des minorités. Ces valeurs sont communes aux États membres dans une société caractérisée par le pluralisme, la non-discrimination, la tolérance, la justice, la solidarité et l'égalité entre les femmes et les hommes.»

privilégiées et définir ainsi les priorités que l'on se donne. Démarche d'autant moins facile que le sujet ne bénéficie finalement que d'assez peu de recul.

RETOUR SUR LES VALEURS DANS L'ENTREPRISE

Sans vouloir établir un historique précis qui n'est pas l'objet de ce livre, il est nécessaire de préciser que la notion de «valeurs d'entreprise» est une notion récente, sans doute apparue pour la première fois, aux États-Unis. Historiquement, les exemples d'entreprises ayant édicté des principes et les affirmant comme tels, sont rares avant la guerre de 1914. Il faut attendre les années 1930 et leur forte industrialisation pour qu'émergent les premiers exemples. Aux États-Unis, les théories économiques de Ford et de Taylor comptent certainement au nombre des premiers cas, sans oublier les pratiques de l'industrie métallurgique dans le monde occidental en général.

Le mouvement prend véritablement son essor après la guerre de 1945, plutôt outre-Atlantique. Dans l'après-guerre, jusqu'aux années 1960 environ, des entreprises pionnières telles que Esso ou Hewlett Packard ont commencé à théoriser, puis formaliser leurs valeurs, tandis que, dans une logique et perspective catholiques, Procter & Gamble avait mis en place des principes d'action pour ses salariés. Sur son site corporate, IBM fait état de la diffusion d'un premier «Business Conduct Guidelines» au tout début des années 1960[1].

Les valeurs ont souvent été pensées par un fondateur charismatique visionnaire, avant d'être reprises et perpétuées par des dirigeants fidèles à l'esprit de la maison mère. Mais il faut préciser également que le contexte législatif américain est particulier. Depuis le milieu des années 1970, le système législatif américain octroie des circonstances atténuantes, en cas de poursuite judiciaire suite à un délit, aux entreprises ayant défini formellement leurs valeurs de référence et appliquant en leur sein une éthique.

---

1. *Cf.* ibm.com/ibm/reponsability/company/management/bcg.shtml

Ceci, bien sûr, a encouragé la formalisation de valeurs. Trois textes incitent à ces pratiques : le Foreign Corrupt Practices Act de 1977, le Sentencing Reform Act de 1984 et le Federal Sentencing Guidelines for Organisation de 1991[1].

Par un effet de cliquet, on dénombrait ainsi, dans les années 1990, 95 % de grandes entreprises américaines ayant fixé leurs valeurs dans des textes officiels[2].

Les entreprises de France ne furent pas non plus les dernières à se préoccuper de leurs valeurs. Dès les années 1970, en pleine effervescence sociale, politique et économique, le monde industriel voit émerger des entreprises avec des valeurs fortes. Des débats sur la question s'engagent et différentes expériences sont menées. Parmi les entreprises pionnières, sans que pourtant celles-ci ne précisent sur leurs sites respectifs de dates, il faut citer Michelin, Danone, Lafarge. S'il faut en croire Bertrand Collomb, l'ancien président de Lafarge, dans un hommage rendu à son prédécesseur, le groupe Lafarge a commencé à mettre en application des «Principes d'Action», selon l'expression qu'utilise cette entreprise, aux alentours de 1975[3].

Les années 1980, marquées par un contexte économique plus rude, verront s'arrêter l'usage sur la question des valeurs. Mis à part les entreprises pionnières évoquées plus haut et les filiales françaises d'entreprises américaines, il faudra attendre la fin des années 1980 et le début des années 1990 pour que réapparaisse la préoccupation des valeurs dans l'entreprise.

Les études menées par Wellcom montrent que le développement des valeurs a connu une accélération à partir de la seconde partie des

---

1. Jean-François Claude, *Le Management par les valeurs*, éditions Liaisons, 2003, pp. 35-36 et aussi l'étude *Les valeurs de l'entreprise : entre nécessité et enjeux stratégiques*, mise en ligne sur le site oboulo.com
2. *Le Management par les valeurs, op cit.*, p. 36.
3. Bertrand Collomb, «Pas d'entreprise sans valeurs», in *L'Usine nouvelle*, n° 3023, 21 septembre 2006, p. 24 : «Le témoignage essentiel, simple et lourd de signification qu'il [Olivier Lecerf] nous [Lafarge] aura laissé, est l'importance des valeurs pour l'entreprise et ceux qui la dirigent.» Voir aussi sur le site de Lafarge, lafarge.fr, «les Principes d'Action du groupe».

années 1990, toute taille (petite, moyenne, grande) et tout type (privé, public) d'entreprise confondus. En France, en 1997, 62 % des cent premières entreprises françaises en chiffres possédaient un document dans lequel étaient mentionnées les valeurs de l'entreprise[1].

IDENTIFIER LES «VRAIES» VALEURS ?

S'il contient son lot de confusions, le sujet des valeurs laisse rarement indifférent. Il est fréquent qu'on parle souvent de «vraies» valeurs. À cela sans doute au moins deux raisons : d'une part, les valeurs, pour le plus grand nombre d'entre nous, renvoient à la morale et, d'autre part, le sujet concerne tout le monde et chacun se sent concerné.

Les valeurs renvoient à quelque chose de finalement très identitaire. Elles font appel à quelque chose de très personnel, de particulièrement intime, que l'on vit comme un des fondamentaux de notre système de pensée. Elles renvoient à notre identité la plus profonde comme à notre sentiment d'appartenance ou, au contraire, d'exclusion d'un groupe social. Que quelqu'un remette en cause nos valeurs, il nous remet en cause nous-même. Car elles s'adressent à chacun d'entre nous de façon quasi individuelle, tout en étant une notion très collective. Créer ce lien entre l'individuel et le collectif est donc la première force des valeurs. Elles déterminent l'appartenance au groupe. Mais les valeurs entraînent aussi des attitudes très opposées.

Les valeurs ? Pourquoi faire ?

Dans l'environnement de l'entreprise, le sujet est abordé tantôt avec de la méfiance, et les reproches sont nombreux, quoique bien souvent largement exagérés, tantôt avec un engouement qui génère sans doute trop d'espoir, et parfois une déception importante.

---

1. J.-C. Courrent et S. Mercier, «Un panorama des démarches éthiques en entreprise», in *Entreprise Éthique*, n° 13, octobre 2000, cité par Jean-François Claude, *Le Management par les valeurs, op. cit.*, p. 36.

De premier abord, le sujet des valeurs paraît, dans le cadre de l'entreprise, un peu abstrait et est bien trop souvent et bien trop exclusivement rattaché à des notions de morale qui ne décrivent finalement qu'un aspect très limitatif des valeurs, comme nous le développerons plus loin. Enfin, on ne peut pas dire qu'une entreprise n'affichant pas de valeurs n'en aurait pas. Elle n'a simplement pas pris le temps de s'y arrêter, d'y réfléchir et de les formaliser ; le plus souvent, parce qu'elle n'a pas pris conscience du potentiel que représente un travail sur les valeurs.

Les opposants aux valeurs en entreprise objectent ainsi bon nombre d'arguments parmi lesquels, pour ne retenir que les plus fréquents :

- les entreprises sont faites pour faire du profit, cela n'a rien à voir avec les valeurs ;

- l'entreprise est le lieu du concret du pragmatisme. Les valeurs ? Trop «intello» !

- les valeurs, c'est trop sérieux, trop compliqué, cela peut devenir rapidement une boîte de Pandore. On ne peut s'y engager sans risque ;

- les valeurs sont déjà présentes dans la société. Pourquoi les entreprises devraient-elles se définir des valeurs différentes de celles de la vie sociale ?

- les valeurs, comme les promesses, n'engagent que ceux à qui elles s'adressent. Elles se traduisent rarement en actes.

De nombreux autres arguments contre les valeurs en entreprise ont déjà été relevés, notamment par Jean-François Claude[1]. L'*Index des Valeurs*®, mené pour la première fois en 2003, a mis à

---

1. Jean-François Claude, *Le Management par les valeurs, op. cit.*, pp. 14-16 : «*Les valeurs expriment une vision "idéalisée" de l'entreprise… Les valeurs sont plus liées à la personnalité des dirigeants et aux options stratégiques qu'ils portent… Elles ne sont pas assez régulièrement reconsidérées pour être vraiment efficaces… Le besoin qu'a l'entreprise de formuler ses valeurs peut être considéré comme une manière de suspecter le personnel de ne pas être en mesure d'adopter spontanément les conduites visées… Les valeurs constituent un simple phénomène de mimétisme de l'entreprise, celle-ci se conformant, sans conviction ni finalité particulière, aux modes managériales en cours.*»

jour plusieurs arguments avancés par certains chefs d'entreprise s'opposant à une démarche de réflexion sur les valeurs :

«C'est un "trafic" de la part du management, ce ne sont pas des valeurs mais des principes de management.»

«Nous ne souhaitons pas nous enfermer dans des valeurs. Pour moi, le mot "valeur" a un côté moral qui enferme. La morale est imposée par l'extérieur. Nous, nous ne voulons rien imposer à nos salariés.»

Mais plus encore que les valeurs en elles-mêmes, c'est leur formulation qui peut poser problème. Certaines entreprises interrogées avancent l'argument que formuler explicitement les valeurs leur fait acquérir un caractère obligatoire, quasi législatif, s'opposant à un esprit de partage volontaire :

«Par l'écrit, on impose toujours les choses : lorsque ces valeurs sont formalisées par la hiérarchie, elles deviennent d'une certaine façon des ordres à appliquer.»

«Une culture d'entreprise ne se prône pas, elle ne s'apprend pas en lisant un texte mais quand les gens ont un projet commun.»

«Il s'agit souvent plus d'une stratégie d'entreprise que de véritables convictions. L'autoproclamation paraît toujours un peu suspecte.»

«Je doute toujours des entreprises qui s'affichent comme très transparentes et très honnêtes.»

Tout est une question de valeurs !

De l'autre côté on trouve les aficionados des valeurs. Ceux pour lesquels sans valeur rien n'est possible et il faudrait commencer par se définir des valeurs avant même de créer une entreprise. Pour ces derniers, l'attente en regard des valeurs est souvent démesurée. En ayant une tendance à vouloir donner une trop forte dominante morale aux valeurs d'entreprise, leur attitude a tendance épisodiquement à friser l'angélisme.

Du point de vue des clients des entreprises, l'opinion hésite aussi entre le scepticisme vis-à-vis des valeurs qu'affichent les entreprises, les consommateurs s'interrogeant sur les motivations ou encore sur la mise en action de ces principes au sein de l'entreprise. Les valeurs renforcent d'ailleurs une attente forte de comportements éthiques des dirigeants d'entreprise.

Il est vrai que la proclamation de valeurs n'a pas toujours, chez une minorité d'entreprises en tout cas, de hautes motivations. Non sans un certain sens critique, Pierre Blanc-Sahnoun distinguait, dans une chronique de novembre 2007 du magazine *Newzy*, deux types de valeurs, ayant des origines et des effets différents. Sont épinglées tout d'abord les valeurs à visée uniquement commerciale et managériale, fortement mises en avant pour impressionner la galerie, «que l'on achète par quatre sous blister dans les supermarchés du consulting et que l'on diffuse de haut en bas et en boucle au moyen de luxueuses plaquettes quadrichromes», mais qui ne sont pas susceptibles de véritablement entraîner l'adhésion et l'enthousiasme. Les autres, plus authentiques au point que l'éditorialiste n'hésite pas à les nommer les «vraies valeurs», sont nées d'une véritable conviction et d'une volonté sincère d'améliorer le vivre ensemble dans l'entreprise ; elles «réveillent les histoires et allument de petites étincelles dans les yeux des gens» et «[...] donnent un sens à la vie des gens, un sens qui fait qu'ils continuent à se lever tous les matins pour continuer [...] à longueur d'années [...]»[1]

Il n'existe donc pas de recette miracle dans une mise en avant strictement superficielle des valeurs. Le consommateur, de plus en plus informé et vigilant, ne s'y laisse pas prendre. L'étude Branding For Good, réalisée par Added Value début 2007 auprès de 300 personnes sur les comportements des Français vis-à-vis de l'éthique sur les secteurs et les marques, révélait que 38 % des sondés pensaient que, le plus souvent, les valeurs affichées par les entreprises étaient «un argument pour faire de l'argent»[2].

---

1. Pierre Blanc-Sahnoun, «L'Humanisme, une valeur révolutionnaire», in *Newzy*, novembre 2007, p. 98.
2. Aurélie Charpentier, «L'achat éthique, entre conviction et scepticisme», in *Marketing magazine*, n° 116, octobre 2007, p. 18 et «Added Value examine les marques face à l'éthique», article en ligne, influencia.net, 20 juin 2007.

Cette défiance envers les principes revendiqués trouve son origine, au moins en partie, dans la perte de confiance de l'opinion dans les dirigeants d'entreprise, tendance allant croissant depuis quelques années. Deux sondages TNS-Sofres révèlaient une fracture entre l'opinion publique et le monde des entreprises : en 2001, 52 % des Français affirmaient avoir confiance dans les chefs d'entreprise, alors qu'en 2005, ils n'étaient plus que 43 %[1]. Et la courbe est loin de s'inverser !

Pour autant, cette méfiance et cette absence de naïveté ne vont pas sans certaines aspirations. Loin d'être dépourvus d'idéaux, la plupart des consommateurs se montrent préoccupés de questions éthiques et attendent des entreprises qu'elles répondent à d'autres besoins que ceux que remplit ordinairement le simple produit. La typologie des consommateurs qu'a permis de tracer l'étude Branding For Good, déjà citée, enseigne que 36 % des Français sont des «éthiques actifs», soucieux de mettre en cohérence leurs achats avec leurs convictions, contre 23 % de «sceptiques» estimant que l'éthique n'est strictement qu'un argument commercial de plus des entreprises. Il y a donc bien une attente des publics sur le sujet[2].

La vérité se situe vraisemblablement pour chaque entreprise quelque part entre ces deux extrêmes. Car ils révèlent une méconnaissance de la nature même des valeurs et surtout de celle des valeurs en entreprise.

Choisir quelques valeurs ne serait-ce pas ignorer toutes les autres ? Choisir des valeurs ne serait-ce pas en fait se limiter, alors que finalement toutes les valeurs semblent éligibles… Alors comment choisir ? Dans le grand fourre-tout des valeurs, il est nécessaire de distinguer des pseudo-valeurs, les valeurs qui pourront donner du sens à l'entreprise qui les formule.

Nous indiquerons ici cinq premiers repères pour avoir quelque assurance d'être face à de «vraies valeurs».

---

1. Cité in Muriel Jaouën, «Le discours sur les valeurs de l'entreprise vire à la langue de bois», in *La Tribune*, mardi 17 octobre 2007, p. 30.
2. Aurélie Charpentier, *op. cit.*

Une définition explicite

Une valeur est d'abord un mot qui a besoin d'être empli de sens et qui, plus que tout autre mot, a besoin de précisions pour exprimer une direction. Un sens qui devra être partagé par des publics aux motivations sensiblement différentes. Nul besoin d'être savant pour comprendre ce que peut signifier la valeur «liberté». Pourtant, la liberté a-t-elle le même sens quelle que soit l'entreprise qui la revendique ? A-t-elle la même signification de la part d'une entreprise de tourisme ou d'un éditeur ? D'une entreprise internationale leader ou d'un challenger ? Du siège social à Londres ou de la filiale de Dubaï ? L'exemple est tout aussi parlant pour une valeur à la couleur moins «politique». L'innovation, valeur qui arrive systématiquement en tête de tous les Index depuis 2003, doit-elle être comprise comme innovation technologique, innovation marketing, un état d'esprit permanent de tous les niveaux de l'entreprise ou tout à la fois ? Formaliser des valeurs, c'est d'abord définir pour chacune d'elles leur sens particulier dans une entreprise forcément unique.

Un «champ d'application»

Mettre en application une valeur, c'est savoir garder un équilibre subtil entre deux extrêmes. On peut être en dessous ou au-dessus. Toute valeur est «un sommet entre deux vices, une ligne de crête entre deux abîmes»[1]. Ainsi, comme le précise André Comte-Sponville, du courage entre la lâcheté et la témérité ou de la douceur entre colère et apathie.

Dans l'entreprise, l'exemple de l'ambition est signifiant. En dessous de quoi n'en a-t-on pas assez ? Au-dessus de quoi en aurait-on trop ? À quel moment l'ambition personnelle risquerait de prendre trop le pas sur l'ambition collective ?

De même, où commence et où s'arrête l'intégrité ? Tout le monde, ou presque, souhaite être reconnu comme intègre. Mais il n'est

---

1. Aristote, *Éthique à Nicomaque*, II, 4-9, 1105 *b* - 1109 *b* et *Éthique à Eudème*, II, 3, 1220 *b* – 1221 *b*, in André Comte-Sponville, *Petit traité des grandes vertus*, PUF, Paris, 1995, pp. 14-15.

pas si facile de dire où l'intégrité commence et où elle devrait s'arrêter. Prenons un exemple. Dans un lieu où on ne se rend pratiquement jamais, on achète une baguette à un boulanger. Celui-ci se trompe en rendant trop de monnaie. L'intégrité commande de le détromper, ce que feront la plupart d'entre nous. Mais, la boulangerie étant très loin de notre domicile, qui, s'en rendant compte après une heure de trajet, sera sincèrement prêt à faire une heure de transport en commun pour rendre 20 centimes d'euro trop perçus ?

Il y a toujours un «en dessous» et un «au-dessus», un «pas assez honnête» et un «pas assez raisonnable». Une ligne de crête entre deux abîmes. Une réflexion menée dans l'entreprise sur le champ d'application d'une valeur et partagée par ses collaborateurs nous semblera toujours plus porteuse d'effet que n'importe quel code de bonne conduite livré sans réflexion partagée.

Par son absence, une valeur doit pouvoir susciter l'indignation

Il est assez facile d'être d'accord avec une valeur. Dans l'entreprise, elles sont toujours positives, ce qui ne facilite pas leur choix. Une façon de reconnaître qu'une valeur est généralement partagée consiste à imaginer son opposé ou son défaut d'existence dans l'entreprise. Le niveau d'indignation que pourrait provoquer son absence a de forte chance de correspondre à la réalité vécue de l'entreprise. Alain Rey remarque dans son *Dictionnaire culturel* :

> «*Le langage ordinaire témoigne de la nécessité de ces couples antithétiques : le "courage" a pour effet contraire la "lâcheté", la "justice" s'oppose à "l'injustice", la "véracité" au "mensonge", etc. L'injuste fait plus que de ne pas être juste, il se détourne en conscience d'un impératif de justice, ce qui est une façon de réagir à cet impératif et de reconnaître ainsi l'impossibilité d'en faire abstraction. Aucune neutralité n'est envisageable. C'est ce qui distingue radicalement le "jugement de fait" du "jugement de valeur".*»[1]

---

1. Alain Rey, *Dictionnaire culturel*, Le Robert, Paris, 2005, IV, «Valeur», p. 1726.

La transgression d'une valeur doit susciter l'indignation. La valeur ne doit pas se contenter de donner une ligne de conduite passive à l'organisation. Il faut pouvoir l'utiliser comme un outil permettant de tester sa pertinence vis-à-vis des individualités du groupe, afin de connaître ses répercussions réelles sur la conduite de l'entreprise. Celle-ci doit donc porter en elle-même la condition de sa validité dans le champ d'application qu'on lui a désigné et susciter une réaction si elle sort de la zone établie.

Une valeur doit être «universelle»

Une valeur ne s'adresse pas uniquement aux clients ou exclusivement aux collaborateurs, elle doit être universelle, c'est-à-dire qu'elle doit pouvoir s'adresser et s'appliquer à tous les porteurs d'enjeux de l'entreprise : en interne, vis-à-vis de ses salariés et des collaborateurs entre eux, mais aussi en externe, vis-à-vis des clients, des actionnaires, des fournisseurs, des publics relais, des prescripteurs, des associations militantes, de la presse, de la société civile… Au-delà des valeurs, l'idée-force sera de les traduire en principes d'action selon ces différents publics.

Une valeur doit se traduire en actes

Que serait une valeur sans traduction concrète ? Ce qu'elle est dans les entreprises qui ne l'utilisent que pour un effet d'affichage. A contrario, les valeurs doivent être traduites en principes d'action qui eux-mêmes encadreront les actes. Faisons à nouveau place à Alain Rey, dont les réflexions soulevées sont particulièrement applicables à l'entreprise :

> «*Toute valeur n'existe que dans et par la réalisation d'un acte. Le propre d'une valeur est d'abord de se proposer à l'action comme devant être réalisée, avant même d'apparaître comme ce rapport à quoi j'évolue ou j'ordonne les actions comme les biens… La valeur ne surplombe pas les actes, mais désigne plutôt le réseau concret selon lequel un engagement en appelle un autre […] : la valeur ne se réduit pas à un ensemble d'actes, sans pour autant résider hors de l'action. [...] ce serait une illusion ou une erreur de réduire la valeur à une essence dominant les conduites humaines, ou au*

contraire à une certaine manière ou flexion de l'action. Toute valeur est la dimension qu'assigne une intention active à sa mise en œuvre, par la liberté d'une conscience réelle.»[1]

PLUTÔT QUE DE VALEURS, MIEUX VAUT PARLER DE SYSTÈME DE VALEURS

Un système de valeurs est nécessaire parce qu'une valeur ne prend pas le même sens, la même nuance selon les valeurs et principes qui lui sont associés. Elle s'inscrit toujours dans un système, aux côtés d'autres valeurs, et fédère d'autres valeurs. Reprenons l'exemple de l'ambition : cette valeur ne prend pas la même tonalité selon qu'on la définit avec des mots tels que l'audace ou le courage, la prise de risque ou la détermination. Elle ne prendra pas non plus la même densité si on l'associe à l'intégrité ou à la solidarité. Si toutes les valeurs sont bonnes, elles n'ont pas la même couleur suivant le système de valeurs dans lequel elles s'inscrivent.

Le système de valeurs définit les fondamentaux de l'entreprise

Toute valeur d'entreprise ne reviendrait-elle pas à enfoncer une porte ouverte ? L'innovation, l'intégrité, la satisfaction du client, l'esprit d'équipe, le respect, la qualité et d'autres encore sont tous des termes à connotation positive. On imagine mal en effet une entreprise, quelle qu'elle soit, prôner la routine, la malhonnêteté, l'insatisfaction du client, le chacun pour soi, le mépris et la négligence.

En fait, un système de valeurs permet d'exprimer, parmi toutes les valeurs disponibles, les priorités que l'entreprise se donne. Il ne s'agit pas bien sûr d'exclure toutes les autres et en particulier celles de la société dans laquelle s'inscrit l'entreprise mais de choisir celles qui seront jugées comme prioritaires voire «non

---

1. *Op. cit.*, p. 1726.

négociables». Celles qui permettent à la fois de donner des repères et de fédérer, ce que l'on appelle la culture d'entreprise.

Le système de valeurs décrit à la fois une certaine réalité et un idéal projeté

Le système de valeurs doit résoudre le dilemme d'être à la fois en phase avec la réalité de l'entreprise telle qu'elle est perçue en interne comme en externe et de correspondre aussi à ce que l'entreprise souhaite devenir. Concrètement, si certaines valeurs ne sont pas toujours l'expression de ce qu'est l'entreprise à un moment donné, elles doivent au moins correspondre aux efforts consentis par celle-ci pour s'y conformer dans le futur :

> *«On ne saurait en effet concevoir une valeur indépendamment d'un projet, ne serait-ce qu'implicite, de fédération des volontés.»*[1]

Le système de valeurs porte une vision

Les études ont montré que les valeurs retenues jusqu'ici par les entreprises font le plus souvent appel à une vision soit globalement identitaire soit essentiellement éthique.

Lorsqu'elles ont une couleur essentiellement identitaire, les valeurs s'adressent surtout au client. «Innovation, Souplesse, Réactivité, Service client» révèlent une entreprise dont les valeurs sont résolument tournées vers l'externe. Des valeurs beaucoup plus éthiques parfois appelés «principes d'action» (les terminologies sont différentes selon les entreprises) sont le fruit d'une entreprise souhaitant, au travers de ses valeurs, avant tout proposer à son personnel une conduite.

Hélas, le plus souvent, chacune de ces deux conceptions des valeurs exclut catégoriquement l'autre. D'un côté, ce qui concerne l'activité commerciale, l'entreprise assignant alors aux valeurs une fonction de différenciation. De l'autre, une dimension institutionnelle, l'entreprise se positionnant en tant qu'organisation et ayant

---

1. Louis Lavelle, *Traité des valeurs*, PUF, Paris, nouvelle édition 1991, I, pp. 4-5.

une réputation à défendre vis-à-vis de la société dans son ensemble. On parle désormais à ce sujet de RSE (responsabilité sociale des entreprises).

Mais le développement rapide des moyens de communication offerts par l'Internet a entraîné un déplacement de tous les anciens cloisonnements. La frontière entre l'interne et l'externe s'efface. Une vision des valeurs exclusivement identitaire ou purement éthique, voire moralisatrice est amenée à disparaître. Il nous semble donc nécessaire d'éclairer ces deux visions, avant d'en proposer une conception plus synthétique.

Chapitre 2

Les valeurs : éthique ou identité ?

LES VALEURS, SOCLE DE L'ÉTHIQUE D'ENTREPRISE

Les valeurs ne sont sans doute que la traduction plus sociale des quatre vertus fondamentales qui nous viennent du vi^e siècle av. J.-C. Elles se retrouvent chez Platon sous ces dénominations :

- le courage (ou force d'âme) ;
- la tempérance (ou modération) ;
- la justice ;
- la prudence (parfois appelée sagesse).

Que dit la philosophie ?

Faire sienne des valeurs, c'est canaliser ses élans et essayer d'adopter un comportement juste. Le philosophe Alain expliquait ce parallèle :

> *«VALEUR, Au sens plein signifie courage c'est-à-dire ce qui est le plus admirable dans un homme. Et en effet que sont les autres vertus sans le courage ? Toutefois, la probité, l'intelligence, la mémoire, la santé, la force, sont encore des valeurs. Toutes les vertus sont des valeurs. Et l'on appelle aussi valeur tout ce qui donne puissance à l'homme pour exécuter, et donc tout ce qui mérite d'être amassé. Le beau est encore une valeur. Toutes les valeurs sont d'épargne. L'ordre des valeurs, depuis l'argent et la*

force jusqu'au courage, constitue la doctrine morale. Toute réforme dans la doctrine est un changement ou un essai de changement dans l'ordre des valeurs.»[1]

La proximité sémantique des mots morale et éthique explique en partie la difficulté de s'accorder sur les différences de leur signification. Tous les philosophes et les intellectuels d'une manière générale ne donnent d'ailleurs pas à ces mots les mêmes définitions.

Le mot «morale» vient de mores, en latin les «coutumes», les «mœurs», tandis que le mot «éthique» vient d'ethos, en grec le «comportement». La morale se rapporte à l'ensemble des jugements relatifs au Bien et au Mal destinés à diriger la conduite des individus. L'éthique est la traduction pratique et concrète de ces jugements. Cette notion est éminemment relative en ce sens qu'elle place l'appréciation du bien et du mal en fonction de l'ensemble des éléments d'une situation concrète. Ajoutons que «déontologie» est un substantif formé de deux mots grecs : to deon qui signifie «ce qu'il convient de faire» et logos, «le discours, la parole», littéralement le «contenu du discours». La déontologie est l'ensemble des valeurs et règles de conduite admises et respectées par un groupe de personnes.

On ne saurait d'ailleurs se définir des principes d'action sans tenir compte de la société dans laquelle on vit. Kant a démontré qu'une action pouvait être considérée comme morale à partir du moment où elle pouvait être universellement voulue, un homme se devant d'agir de telle sorte que la maxime de son action puisse être érigée en règle universelle. Penser à ses valeurs revient finalement à se décentrer de soi-même, inclure l'autre dans sa réflexion et prendre en considération l'impact sur lui de ses décisions et des actions qu'elles entraînent.

Lorsqu'un dirigeant d'entreprise prend une décision, il pose un acte éthique car celui-ci fait obligatoirement appel en amont à un arbi-

---

1. Alain, *Définitions*, dans *Les Arts et les Dieux*, Pl., p. 1097, cité in Alain Rey, *Dictionnaire culturel*, Le Robert, Paris, 2005, IV, «Valeur», p. 1726.

trage éthique, comme, par exemple, un arbitrage de conflits de valeurs, d'intérêts et/ou de conflits de finalités, positives ou négatives. Xavier Grenet, directeur de la gestion des cadres, Saint-Gobain, interrogé sur l'éthique, voit d'ailleurs en l'éthique une façon d'agir en conscience :

> *«Comment la définir ? Et quelle différence, éventuellement, entre l'éthique et la morale ? Rien ne les distingue que leur étymologie : la morale est latine et grecque l'éthique. D'un auteur à l'autre, les définitions connaissent de si sensibles variations qu'elles contribuent à conforter dans cette approche, même si l'usage actuel tend à considérer que l'éthique traiterait davantage des actes, alors que la morale relèverait plutôt des normes universelles qui s'imposent à la conscience. Je définirai l'éthique comme l'interrogation du décideur qui veut agir conformément à sa conscience morale. Quelles que soient donc les nuances que l'on souhaite établir entre les deux concepts, l'éthique ne peut être que très proche parente de la morale.»*

La vision éthique des valeurs est effectivement en relation étroite avec la morale, question centrale de la philosophie, d'Aristote, en passant par Spinoza, jusqu'à Kant. Pour ce dernier, il existe même une morale universelle sous-tendue par des principes directeurs qui pourraient finalement se résumer par l'idiome «ne fait pas à autrui ce que tu ne voudrais pas qu'on te fasse».

L'éthique ne saurait donc aller sans la morale. Mais il faut bien considérer que la première n'est pas assimilable à la seconde, car les règles qui régissent le comportement de certains d'entre nous ne sont pas nécessairement des principes d'une morale universelle. La gourmandise ou la curiosité perçue le plus souvent comme un «vilain défaut» est pourtant une qualité précieuse, respectivement au pâtissier et au journaliste.

André Comte-Sponville éclaircit à nouveau le débat :

> *«Si la morale et l'éthique ont en commun d'être des discours normatifs qui visent à régler notre conduite ou nos actions, elles se distinguent par le registre de cette normativité ou, ce qui revient au même, par le statut respectif qu'elles reconnaissent aux valeurs dont elles se réclament. Le Bien et le Mal se donnent pour absolus, et c'est à ce titre qu'ils se veulent univer-*

sels. Le bon et le mauvais, au contraire, sont toujours relatifs à un individu ou à un groupe, et c'est en quoi toute éthique est particulière.»[1]

Si la morale répond à la question «Que dois-je faire ?», l'éthique apporte une réponse au «Comment vivre ?». Elle est en effet «toujours particulière à un individu ou à un groupe». La morale commande ; l'éthique recommande.

Que disent les entreprises ?

Il faudra attendre le milieu des années 1990, après les États-Unis marqués par le scandale Enron, pour que les entreprises françaises connaissent une plus grande généralisation des politiques éthiques, traduites par des programmes et mises en œuvre par des responsables dédiés. Le mouvement s'est, de fait, amplifié à partir de 1997, lorsqu'une réglementation a prescrit aux entreprises du secteur financier de mettre en place une fonction déontologie[2].

L'intérêt pour l'éthique en entreprise trouve également des fondements pratiques. Les universitaires américains James Collins et Jerry Porras ont montré que les entreprises qu'ils qualifient de «visionnaires» avaient une raison d'être au-dessus des profits. Merck, Sony ou, en France, des entreprises comme Lafarge n'ont d'ailleurs pas attendu les années 1990 pour se fonder sur des valeurs dites «éthiques» et des conduites comportementales rigoureuses.

La vague éthique est un mouvement qui a aussi vu le jour à l'extérieur des entreprises grâce à la volonté des instances nationales ou internationales ayant un pouvoir sur elles. Ce point n'est pas anodin car ces normes nouvelles vont continuer à s'étendre et déterminer des instruments de mesure de la performance des entreprises. Les agences de notation prennent d'ailleurs en compte des critères qui

---

1. André Comte-Sponville, *Valeurs et vérités, Études cyniques*, coll. Perspectives critiques, PUF, 1994, chapitre 8.
2. «Introduction», in *Les Cahiers de L'Éthique*, «Responsable de l'éthique ou de la déontologie de l'entreprise…», n° 1, janvier 2005, p. 7.

ne sont plus seulement financiers, et, sujet d'actualité s'il en est, ce n'est qu'un début.

La responsabilité sociale et environnementale est l'un des concepts clés de cette approche nouvelle. ARESE, une société créée en 1997, note les entreprises sur la base de six critères : le rapport aux actionnaires, le rapport à l'environnement, la gestion des ressources humaines, les relations clients et la qualité, et le respect des droits de l'homme. Le même genre de système existe aux États-Unis depuis les années 1990 (la norme SA 8000, le SAM, le DJSGI, etc.) et prend chaque année de l'importance, ce qui permet de prévoir que dans les années futures, les entreprises n'ayant pas de valeurs éthiques clairement affichées et des conduites en accord avec celles-ci seront très sérieusement menacées. Car, si ces indices importants s'intéressent à présent principalement aux seuls grands groupes, notamment celles qui financent leur développement *via* la Bourse ou les marchés financiers, les mêmes efforts devront, à terme et par effet de capillarité, être fournis par des entreprises de taille plus modeste.

Outre ce système de normes, un mot entérine également l'apparition des systèmes d'alertes éthiques. Né dans les pays anglo-saxons, le «whistleblowing» ou «procédure d'alerte»[1] consiste, pour un salarié, à informer la direction de tout comportement frauduleux ou de toute irrégularité dans l'entreprise. Cette pratique, depuis longtemps instaurée dans les lois américaines et britanniques, mais aussi chinoises et sud-africaines ou encore japonaises, est recommandée par l'OCDE. Ce genre de système peine néanmoins à s'installer en France car il est perçu comme une dénonciation en règle et pose des problèmes… éthiques ! Le débat est là, agitant employés, patrons, syndicats, hommes politiques et juristes.

Le whistleblowing semble toutefois s'acclimater sous nos latitudes car, après avoir émis en 2005 une réserve de principe, la CNIL est revenue en 2007 sur sa position. Total, Shell, EDF, Pricewaterhouse-

---

1. Se référer notamment aux travaux du Cercle européen des déontologues (directeur : Patrick du Besset).

Coopers ont déjà mis en place des systèmes d'alerte éthique, en ouvrant notamment des lignes téléphoniques ou des comptes e-mail spécifiques. Des modalités de fonctionnement acceptables par l'ensemble des parties de l'entreprise sont encore à déterminer, tandis que des problèmes juridiques demeurent[1]. Le rôle du management apparaît très important pour que les salariés se sentent en confiance, comme le souligne Alexandra Mauduit dans un rapport consacré au sujet :

> «*[Le management] doit s'appuyer sur une bonne communication absolument nécessaire à la compréhension du principe et à l'adhésion des salariés. Il convient donc de présenter l'alerte éthique comme un avantage pour chacun et non comme une obligation. Le but premier de l'alerte éthique étant la dissuasion. De plus il peut être intéressant de communiquer sur le fait que l'alerte éthique s'inscrit dans le mouvement de bonne gouvernance de l'entreprise et de sa responsabilité sociale.*»[2]

Revenant à l'éthique d'une façon plus générale, Hervé Mesure et Jacques Lauriol, du département Management et Stratégie du groupe ESC Rouen en proposent une définition intéressante :

> «*[...] l'éthique de l'entreprise [se définit] comme un ensemble de principes et de moyens qui actualisent l'idée que la performance d'ensemble d'une entreprise doit prendre en compte des dimensions non économiques et que tous les moyens ne sont pas acceptables pour la réaliser même si la loi ne les interdit pas ; principes et moyens qui sont formalisés sous forme de textes (charte éthique) ou de structures (entités, postes, processus). Ainsi définie, l'éthique d'entreprise est outil de direction générale (Mercier, 2000) qui a une double logique. Une logique stratégique puisqu'une politique*

---

1. Alexandra Petrovic, «Le droit d'alerte éthique s'immisce dans l'univers de l'entreprise», in *La Tribune*, 7 janvier 2005 et Derek Perotte, «Les entreprises invitées à faciliter la dénonciation de faits délictueux», in *Les Échos*, 5 mars 2007. Voir aussi : Antoine Garapon, «Question de l'alerte éthique», note de présentation de l'émission «Le Bien commun», France Culture, samedi 4 juin 2005 et Yann de Kerorguen, «Le droit d'alerte s'immisce dans l'univers de l'entreprise», *La Tribune*, 7 janvier 2006, article en ligne cité sur indicerh.net
2. Alexandra Mauduit, «Alerte éthique et entreprise : un mariage forcé ?», rapport du Concours 2006, promotion de l'Éthique professionnelle, 2006, *JO 10*, pp. 6-7.

formelle d'éthique est censée contribuer à la compétitivité et à la légitimité de l'entreprise. Une logique de management puisque les règles et procédures éthiques édictées par une direction se veulent un instrument d'orientation des comportements dans l'entreprise.»[1]

Les démarches éthiques des entreprises ont donc pour vocation de couvrir tout ce qui est lié à la responsabilité sociale de l'entreprise, en interne et en externe, notamment via la conception et l'élaboration de documents éthiques (charte éthique, principes d'action, rapport de développement durable, code de bonne conduite, etc.) et la formation de leurs collaborateurs.

Une étude réalisée à la fin des années 1980 par Langlosis/Schlegelmich a montré que 75 % des entreprises nord-américaines possédaient un tel document, tandis que 41 % des entreprises européennes en avaient un et seulement 30 % des entreprises françaises[2].

Cette différence s'explique sans doute par l'histoire et la mentalité de ces deux pays. Le rapport aux textes législatifs majeurs constitue une première explication : les Nord-Américains sont très attachés à la Déclaration d'indépendance, discours proprement fondateur de leur pays et de leur histoire moderne, tandis qu'à l'inverse les Français ne sont guère émus à l'évocation du texte qui en serait l'équivalent, la Déclaration des droits de l'homme, peut-être en raison de l'ancienneté du document. Les Français sont d'ailleurs en général assez sceptiques vis-à-vis d'écrits normatifs qu'ils jugent immédiatement trop directifs, voire sclérosants. Plus disciplinés ou plus politiquement corrects, les Américains n'ont pas les mêmes a priori. Les chartes sont en général bien intégrées dans la vie de l'entreprise.

---

1. Hervé Mesure et Jacques Lauriol, «L'éthique d'entreprise : présentation, bilan et interprétation», in *Humanisme & Entreprise*, n° 267, 2005, p. 3.
2. Cité in Christoph I. Barmeyer et Eric Davoine, «Chartes de valeur et culture(s) de l'entreprise internationale : Les limites du transfert de valeurs globales aux filiales locales», conférence non publiée.

Lors de la mise en pratique dans les multinationales, il faut cependant que certaines règles soient respectées :

> *«[...] la mise en place de chartes de valeur peut initier un dialogue sur les facteurs d'hétérogénéité et d'homogénéité culturelle de l'entreprise et faciliter – pour peu que la maison mère laisse suffisamment de place à ce dialogue et aux adaptations locales – la construction progressive d'une culture d'entreprise plus transnationale ou géocentrique. Mais pour cela, l'entreprise devra prendre en compte un ensemble de facteurs :*
>
> * *l'historique de la relation entre maison mère et filiale et le degré d'autonomie des filiales ;*
> * *le caractère plus ou moins fort de la culture d'entreprise des filiales ;*
> * *la proximité et la compatibilité* (cultural fit) *de la culture nationale des filiales avec celle de la maison mère, et en particulier concernant les valeurs et les conduites prônées par la maison mère ;*
> * *le degré de participation des managers et des collaborateurs dans le processus d'élaboration des valeurs clés de l'entreprise ;*
> * *la qualité et le nombre des interfaces et médiateurs interculturels possibles entre maison mère et filiales (impatriés, expatriés, consultants internes et externes, coachs...).»*[1]

Trois entreprises françaises qui se sont attachées à mettre en place des démarches éthiques : EDF, La Poste et la BNP offrent de bons exemples d'articulation entre valeurs et démarches éthiques.

Affirmant comme valeurs le respect de la personne, le respect de l'environnement, la performance, la solidarité et l'intégrité, le groupe EDF[2] affirme placer «le développement durable qui vise à concilier croissance économique, respect de l'environnement et progrès social, au cœur de ses engagements». Son engagement social et environnemental se manifeste par la signature d'un Agenda 21 et par sa participation au sein d'organisations comme

---

1. Cité in Christoph I. Barmeyer et Eric Davoine, «Chartes de valeur et culture(s) de l'entreprise internationale : Les limites du transfert de valeurs globales aux filiales locales», conférence non publiée.
2. *Cf.* edf.com

la Fondem (Fondation énergie pour le monde), qui contribue à l'accès de tous à l'énergie.

Avec comme valeurs la responsabilité, la proximité, la fiabilité et la modernité, La Poste[1] a entamé ce qu'elle appelle «quatre chantiers», qui concernent chacun un de ses publics, interne et externe, vis-à-vis de ses clients, des collectivités locales, des salariés et de l'État.

BNP Paribas, dont l'éthique[2] est fondée sur la transparence, le professionnalisme et la qualité, s'est notamment engagée vis-à-vis de ses salariés à «assurer une gestion dynamique et motivante des carrières et des rémunérations en développant l'actionnariat du personnel et en favorisant le dialogue social».

L'attrait pour les valeurs touche effectivement l'ensemble des salariés, toute hiérarchie confondue, qui ont une certaine exigence de comportement éthique de la part de leur entreprise. Une enquête de HR Gardens en partenariat avec Ipsos menée auprès de 2 647 «Early Career Professionals (ECP)» en 2001 a montré que les jeunes actifs européens avaient ainsi de nouvelles attentes. Pour plaire aux ECP, l'entreprise doit non seulement remplir son rôle économique et professionnel traditionnel en érigeant comme valeur forte son professionnalisme (64 % des ECP plébiscitent cette valeur comme la plus forte), mais aussi favoriser de bonnes relations humaines en son sein. Les ECP sont à la recherche d'un équilibre entre leur vie privée et leur vie publique, leur épanouissement personnel et professionnel. Beaucoup d'entre eux sont même particulièrement soucieux d'avoir une vie professionnelle en parfait accord avec l'ensemble de leur vie personnelle[3].

Côté consommateurs, *Le Guide éthique*[4], publié en 2001, propose aussi un classement des entreprises, qui sont notées suivant des

---

1. *Cf.* laposte.fr
2. *Cf.* bnpparibas.com
3. Joachim Soëtard, «Carrières et aspirations professionnelles : que veulent les managers européens de demain ?», article en ligne sur ipsos.com, 22 janvier 2002.
4. Observatoire de l'éthique, *Le Guide éthique du consommateur*, Albin Michel, 2001.

critères exprimant chacun une partie d'une démarche éthique dans l'entreprise : Stratégie, Salariés, Écologie, Commercial, Transparence, Humanitaire et Citoyenneté.

Mais, une entreprise a pour but premier – faut-il le rappeler ? – de produire des biens et/ou des services pour ses clients, et cette vision culturelle des valeurs à connotation éthique se révèle très limitative pour l'entreprise. Pourquoi les valeurs, dans la plupart des entreprises, ne devraient-elles concerner que l'entreprise citoyenne, en «oubliant» l'entreprise marketing ? Y aurait-il une entreprise fréquentable, sociale, et une entreprise condamnable parce que trop commerciale ?

Les dimensions internationale et commerciale peuvent trouver un premier moyen de se rapprocher dans la marque-entreprise. Selon l'Observatoire Cétélem, les valeurs de marque – en tant que telles – renvoient déjà à l'éthique. La marque est, en ce sens, égale à un contrat entre les consommateurs et les marques-produits, qui s'organisent autour de quatre points fondamentaux : confiance durable (73 %), citoyenneté (73 %), repère de consommation (53 %) et plaisir partagé (38 %)[1]. Ainsi, en communiquant sur la citoyenneté, la marque s'engage déjà à rendre compatibles la démarche commerciale et la démarche socialement responsable.

Car, si l'entreprise peut et doit être amenée à se définir des valeurs sans se satisfaire de celles en vigueur dans la société en général, c'est parce qu'elle est en face d'enjeux, donc de priorités qui lui sont spécifiques et aussi parce qu'elle est de plus en plus internationale, donc face à des cultures fondées sur des valeurs souvent différentes.

Lorsque l'on cherche à se repérer parmi les valeurs revendiquées par les entreprises, on s'aperçoit qu'il existe en effet de multiples valeurs et que celles-ci ne sont bien sûr pas de même nature. Se pose alors le problème de leur classification. Les valeurs ont donc fait l'objet de différents types de classement. Jean-François Claude

---

1. Cf. observateur-cetelem.com

dans son ouvrage *Le Management par les valeurs*[1] donne des clés pour appréhender ce problème.

La première classification est celle élaborée par S. H. Schwartz, qui répertorie 56 valeurs réparties en 10 groupes. Cette première analyse permet de différencier des valeurs de progrès (ouverture au changement et dépassement de soi), qui sont mises en opposition avec le conservatisme et la centration sur soi (*cf.* schéma ci-dessous).

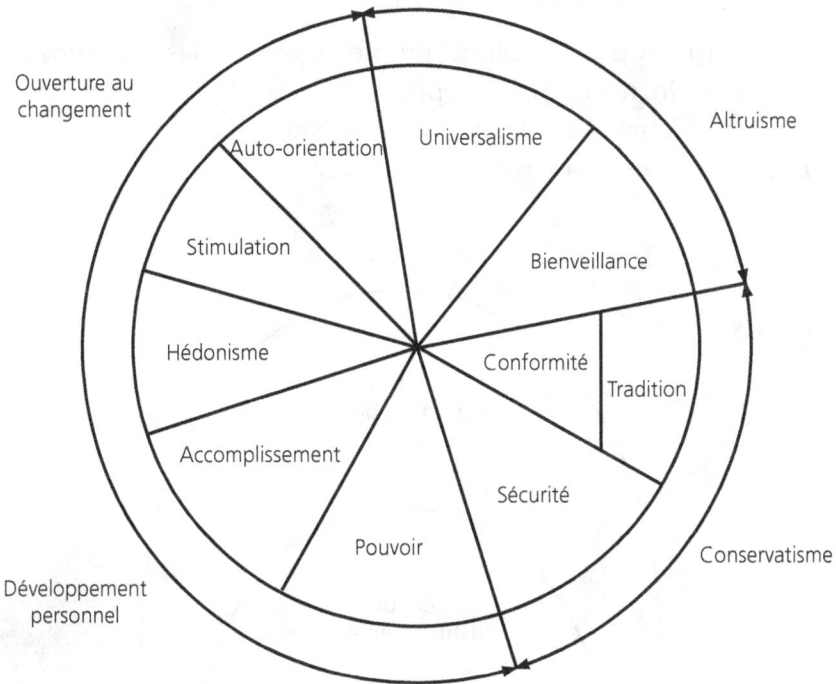

Schéma de Schwartz[2]

La classification de Louis Lavelle[3], différencie 6 groupes de valeurs :

- économiques ;

1. *Op. cit.*
2. Cité in Jean-François Claude, *Le Management par les valeurs, op. cit.,* p. 60.
3. Louis Lavelle, *Traité des valeurs,* PUF, 2ᵉ édition, Paris, 1991.

- affectives ;
- esthétiques ;
- intellectuelles ;
- morales et sociales ;
- spirituelles.

Ces groupes s'appliquent aussi bien à l'individu qu'à l'entreprise et aux cultures du monde. Bien qu'ancienne (1955), cette classification est à la fois simple et générale.

Jean-François Claude a bâti sa propre approche des «domaines de valeurs pertinents dans l'entreprise». Il nous offre un schéma[1] qui part des valeurs individuelles pour arriver aux valeurs sociétales, entrepreneuriales et de métier, en passant par les valeurs institutionnelles.

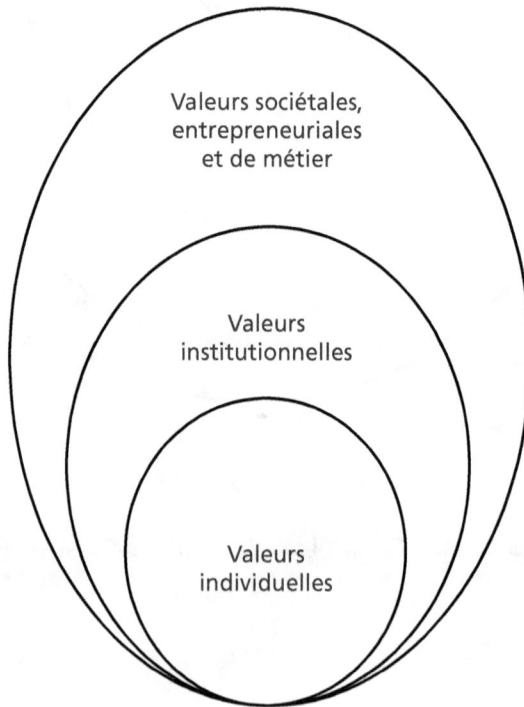

Valeurs sociétales,
entrepreneuriales
et de métier

Valeurs
institutionnelles

Valeurs
individuelles

---

1. Jean-François Claude, *Le Management par les valeurs, op. cit.*, p. 105.

© Groupe Eyrolles

Ce découpage ajoute une dimension intéressante pour la suite de notre étude. Les valeurs individuelles sont un pilier sur lequel s'appuie l'entreprise, consciemment ou non, dans sa réflexion sur ses valeurs institutionnelles. Cela forme une chaîne qui aboutit aux valeurs de métiers, aux valeurs entrepreneuriales et enfin sociétales.

Mais qu'en est-il de la pratique ? Prenons par exemple l'innovation, valeur qui ne vient d'ailleurs pas nécessairement à l'esprit lorsque l'on parle d'éthique. Cette valeur revient régulièrement (un tiers des entreprises sondées) dans le choix d'entreprises aussi diverses que Air Liquide, Alcatel, Axa, Bouygues, France Télécom, LVMH, Schneider, la Société Générale, Thalès ou Veolia Environnement. L'innovation prend une signification différente suivant la nature de l'entreprise, son secteur, sa production. Marque d'ouverture au changement chez Schwartz, valeur économique chez Lavelle, valeur entrepreneuriale chez Jean-François Claude, l'innovation est surtout une valeur aussi bien intemporelle que profondément ancrée dans les entreprises françaises, notamment dans l'image qu'elles cherchent à renvoyer pour séduire leurs clients et leurs différents publics. Il se révèle alors nécessaire de définir de nouvelles classifications des valeurs.

Que disent les Français ?

Quelles sont les valeurs des Français ? Une première réponse consisterait à décliner les valeurs qui se retrouvent sur les frontons de nos mairies et écoles, la fameuse trinité «Liberté, égalité, fraternité»[1]. Cela semblerait sans doute au lecteur très réducteur. Mais leur présence au cœur de la vie publique offre l'avantage de conduire à une réflexion sur la nature des valeurs et leur contenu.

En France comme à l'international, plusieurs études ont été menées sous l'égide de chercheurs en université et d'instituts d'étude réputés. Et de nombreux sondages concordent : la

---

1. Voir le film «Devenir français» de Louis Blazy, produit par l'ECPA en 2007, qui cherche à expliquer aux nouveaux citoyens français lors des cérémonies d'accueil l'histoire de la France et les valeurs de la République.

«vague» éthique a fait irruption dans la société française et semble même s'y ancrer petit à petit. Tant pis pour ceux qui n'y voyaient qu'un effet de mode. Bien que le terme éthique regroupe encore nombre de réalités bien différentes, le phénomène perdure. Les écoles de commerce en font d'ailleurs une matière à part entière dans leurs cursus, comme par exemple l'EMAV, l'École de management pas les valeurs, créée en 2007.

Jetons un coup d'œil rapide sur les valeurs des Français selon l'institut TNS-Sofres[1]. Dans le top 10, on retrouve justement, à peu de chose près, les valeurs de la République. Ces valeurs sont cependant bien différentes de celles des entreprises telles que notre «Index des valeurs d'entreprise» fait apparaître… Est-ce pour autant vraiment étonnant ? Certainement pas. L'entreprise poursuivant une mission qui lui est propre doit néanmoins se fonder sur la réunion de collaborateurs ayant des valeurs diverses tout en adhérant aux valeurs du groupe.

Top 10 des valeurs des Français	
1. Honnêteté	6. Respect de l'environnement
2. Justice	7. Liberté
3. Amitié	8. Droits de l'homme
4. Égalité	9. Tolérance
5. Famille	10. Générosité

Le souci des questions éthiques trouve aussi ici également un écho dans la propagation du concept de développement durable. Officiellement défini comme «un développement qui répond aux besoins des générations du présent sans compromettre la capacité des générations futures à répondre aux leurs»[2], le développement durable est souvent évoqué lorsque est abordée la dimension éthique des entreprises. On peut considérer, en un sens, qu'il constitue à lui seul une partie non négligeable des valeurs en entreprise.

---

1. Voir aussi : « Les valeurs des Français », Sondage TNS-Sofres, 23 août 2005.
2. In Rapport Brundtland, «Notre avenir à tous», soumis à l'Assemblée nationale des Nations unies en 1987, source Wikipédia.

S'engouffrant dans cette mouvance, plusieurs sociétés de type et de projet assez différents ont manifesté en France assez tôt leurs engagements vis-à-vis de la société et de l'environnement, comme Max Havelaar et Monoprix. Ce récent engouement pour les questions d'éthique environnementale est confirmé d'ailleurs par notre étude : la valeur «environnement» a été plébiscitée par 13 % des entreprises interrogées[1].

Les limites d'une vision strictement éthique

En raison des différentes visions que l'on peut avoir des valeurs, mais aussi à cause des diverses classifications possibles, la problématique des valeurs reste complexe. Il nous faut définir quelques repères permettant d'observer les valeurs en les démystifiant. Disons-le clairement, il est possible pour une entreprise de parler de valeurs sans parler de morale.

Une question doit donc être soulevée : comment concilier valeurs et intérêt ? Les valeurs liées à une morale ne semblent rien devoir partager avec l'intérêt, et il est permis de s'interroger sur la légitimité de cette demande nouvelle qui est faite aux entreprises d'adopter des comportements éthiques. Dans une conférence non publiée intitulée «Développement durable et éthique», Alain Etchegoyen, philosophe et consultant en entreprise, expliquait avec humour qu'il se méfiait de certaines demandes des entreprises qui le consultaient, particulièrement quand il semblait que celles-ci souhaitaient, par une démarche éthique, se dédouaner d'autres, plus discutables, ou bien augmenter leur crédit dans l'opinion publique par une bonne communication :

> «[...] Si je ne devais tirer qu'une seule conséquence empirique de mon expérience, ce serait la suivante : quand je vais dans une entreprise que je ne connais pas et que j'entends parler d'éthique, je suis très inquiet ; alors que quand je vais dans une entreprise que je ne connais pas et que je n'entends pas parler d'éthique, je suis plutôt rassuré ! [...] Parce que très souvent dans le passé les

---

1. *Cf.* chapitre 5 du présent livre, Wellcom, *Index international 2006 des Valeurs Corporate.*

> *discours éthiques des entreprises n'ont eu pour finalité que la communication. Je n'aime pas dire "que" la communication parce que ce n'est pas du tout un mot péjoratif, mais "que" l'image ce qui pose plus de problèmes... [...]»*

Il faut en effet être clair dans l'usage qui peut être fait de l'éthique dans l'entreprise. L'éthique d'entreprise affichée et revendiquée ne peut pas être une annonce commerciale, de même qu'elle ne peut pas se substituer à l'éthique personnelle, comme nous invite André Comte-Sponville à y réfléchir dans son ouvrage Le Capitalisme est-il moral ? :

> *«[C'est] parce que cette responsabilité ne peut être que personnelle, qu'individuelle, que je ne vois pas très bien quel sens il y a à parler, comme on le fait presque toujours, surtout dans le monde patronal, d'éthique d'entreprise ou de morale d'entreprise. Je dirais plutôt, qu'à l'inverse, une entreprise, ça n'a pas de morale : ça n'a qu'une comptabilité et des clients. Une entreprise ça n'a pas de devoir : ça n'a que des intérêts et des contraintes. Une entreprise ça n'a pas de sentiments, pas d'éthique, pas d'amour : ça n'a que des objectifs et un bilan. Bref, il n'y a pas de morale d'entreprise ni d'éthique d'entreprise.*
>
> *Mais il faut ajouter très vite : c'est précisément parce qu'il n'y a pas de morale de l'entreprise qu'il doit y avoir de la morale dans l'entreprise. Et de même pour l'éthique : c'est parce que l'entreprise n'en a pas que les individus qui y travaillent ou qui la dirigent se doivent d'en avoir une. Ne comptez pas sur votre entreprise pour être morale à votre place.»*[1]

On peut néanmoins prolonger plus avant la relation entre l'éthique et l'entreprise. Je reprends ici une partie de l'article rédigé avec Catherine Maurey[2].

Posons tout d'abord que l'éthique d'entreprise comme repère pratique à la conduite humaine ne supporte ni le flou ni les équi-

---

1. André Comte-Sponville, *Le Capitalisme est-il moral ?*, La confusion des ordres, repris en Livre de poche, Paris, 2004, p. 123.
2. Catherine Maurey et Thierry Wellhoff, «De l'intérêt bien entendu de l'éthique d'entreprise», *Revue Entreprise*, n° 20, avril 2004, p. 114.

voques. En ce qu'elle est impérative, sa finalité est de favoriser les intérêts de l'entreprise[1].

Il faut ainsi distinguer, selon la théorie kantienne, l'impératif catégorique et l'impératif hypothétique[2]. Les impératifs moraux, ou impératifs catégoriques, par exemple «engageons-nous» sont des commandements, sans condition, de la moralité. Les impératifs hypothétiques ou conditionnels, soumis à condition, eux, n'ont d'égard qu'à l'intérêt (impératifs techniques, règles de prudence ou de l'habileté), par exemple «engageons-nous si nous voulons réussir». Ces derniers n'ont pas de caractère moral à proprement parler – vouloir «réussir» ne concerne pas la morale – mais, pour autant, sont intrinsèquement liés à l'idée de «faire bien» pour atteindre le but visé. Contrairement à l'impératif catégorique qui ne concerne pas la matière de l'action ni ce qui doit en résulter, l'impératif hypothétique ne s'intéresse, lui, qu'aux conséquences d'une action (ou d'une décision) plutôt qu'à son intention. C'est évidemment cet impératif hypothétique qui intéresse l'entreprise, et l'on peut s'étonner, que de nombreux travaux de spécialistes ne le mentionnent jamais.

Puisque c'est bien dans le domaine de la nécessité naturelle que se situe le but d'une action, pour juger de la valeur morale d'un acte, il faut juger la volonté qui l'anime et pas le résultat obtenu. Il est donc demandé aujourd'hui à l'entreprise d'afficher sa bonne volonté, sa volonté de faire bien, avant de communiquer sur les résultats de telle ou telle action. Il y a un «agir» conforme au devoir auquel l'entreprise n'échappe pas – le code de déontologie est là pour le lui rappeler. Le devoir remplace alors la nécessité naturelle en libérant l'homme des contingences empiriques fortuites. Dans le cadre singulier de l'entreprise, il est fort possible

---

1. Est dit «impératif» toute détermination de la volonté prenant la forme d'une contrainte et s'exprimant par le verbe devoir (*deon* = devoir, d'où déontologie).
2. L'essentiel de la philosophie pratique de Kant se trouve dans les *Fondements de la métaphysique des mœurs* (1785) et la *Critique de la raison pratique* (1788).

qu'une action faite par inclination corresponde pourtant aux prescriptions du devoir.

La relation entre l'éthique et l'entreprise ne peut, de ce point de vue, être désintéressée. Elle est même naturellement intéressée car elle est toujours déjà orientée vers un mieux, un plus, un quelque chose de jamais suffisant et qui condamne l'entreprise à avancer, à innover et à progresser. L'intérêt collectif, l'intérêt général, voire l'intérêt public, doivent être ou devraient être les seuls motifs acceptables pour guider la conduite du commerce et des affaires. Le profit doit bénéficier à tous et non à une poignée d'acteurs qui le détourneraient par intérêt personnel. L'entreprise ne doit donc pas détourner l'éthique à son profit.

L'impératif hypothétique permet une liberté de choix, expression d'une bonne volonté, en fonction des objectifs à atteindre et non pas en fonction d'intentions trop catégoriques. La proposition conditionnée «je ferai du profit si je fais bien», est somme toute très morale pour une entreprise… d'autant que «je fais bien», tout court, sans m'occuper du contexte économique et social serait anti-éthique pour toute organisation qui a l'obligation de faire du profit tout en créant et maintenant des emplois.

Il existe donc une «morale de l'intérêt bien entendu» comme on la nomme en philosophie et qui s'apparente à l'éthique opérationnelle pratiquée dans les entreprises. Car c'est précisément une morale de l'intérêt bien entendu que pratiquera une entreprise performante. Toute la question de la conduite, de sa fin, repose alors sur le plaisir réfléchi, calculé et prolongé dans la durée[1]. Si une des fins de l'entreprise est de faire des bénéfices, d'être profitable, il faut donc que ses acteurs tendent vers cet objectif, qu'ils soient traités au mieux de leur propre intérêt, c'est-à-dire qu'ils doivent être traités comme fin en soi et jamais comme moyens.

---

1. Dans son ouvrage l'*Utilitarisme*, (1863), Mill défend sa conception de l'éthique dont le but est «le plus grand bonheur possible pour le plus grand nombre possible de personnes». Dans ce cas la droiture morale d'une action doit être mesurée aux suites qu'on peut en attendre. Quantité (plaisir) et qualité (états) du bonheur sont associées.

Les nouveaux modes de management, par exemple, fondés sur le respect des compétences, la reconnaissance, montrent que ce postulat s'avère payant pour la rentabilité de l'entreprise. La performance s'accroît grâce à la morale.

L'aspect le plus intéressant pour une entreprise pour mettre en pratique la «morale de l'intérêt bien entendu» repose donc sur la recherche de ce qui est utile pour l'ensemble des parties prenantes. L'éthique d'entreprise propose une théorie rationnelle de la conduite de ses hommes et de ses femmes permettant de défendre ou de préserver trois grands types d'intérêts : l'intérêt collectif, qui prend en compte ce qui est utile à un groupe d'individus (ici, les acteurs de l'entreprise), l'intérêt général qui se concentre sur ce qui est utile aux membres d'une société et enfin l'intérêt public qui défend ce qui est utile à la société en tant que telle.

L'intérêt individuel n'est pris en compte que s'il sert la cause des trois précédents. Il peut, à ce titre, dans l'entreprise, représenter un élément de la dynamique collective, non négligeable. D'où l'intérêt pour l'entreprise de travailler sur la motivation personnelle ou de développer les valeurs en tenant compte des évolutions de mentalité vers un «management participatif».

Il faut néanmoins noter que la morale utilitariste, qui illustre «l'intérêt bien entendu», est de culture anglo-saxonne. Le monde de l'entreprise multinationale s'en est fortement inspiré. Faut-il s'en offusquer ? Ce serait alors rejeter une forme de morale sous un fallacieux prétexte culturel. Pire, ce serait sous-entendre que ce qui vient du monde anglo-saxon est immoral, voire amoral. Ce serait se faire donneur de leçon dans le seul but de ne pas en recevoir ! Combien de dirigeants de filiales françaises de groupes anglo-saxons, notamment, soutiennent-ils auprès de leurs cadres les recommandations des procédures de signalement de manquement aux bonnes pratiques, explicites dans la majorité des codes de déontologie ? La question centrale est plutôt de savoir si ce déclaratif vertueux, recensé sous forme de chartes éthiques, de codes de conduite professionnelle, correspond dans les faits au respect des intérêts de la collectivité-entreprise dans son adéquation aux attentes de la société et de ses membres.

Moins de trois siècles nous séparent de la naissance du concept d'entreprise et de son déplacement d'un territoire limité à une petite partie du globe, l'Occident, et gagner la planète entière. L'avenir de l'entreprise occidentale est d'ores et déjà parsemé de valeurs chinoises, coréennes, indiennes, sud-africaines, brésiliennes, jordaniennes ou turques – si les excès religieux n'étouffent pas les pays d'Islam.

C'est dans cet aspect de la mondialisation que réside le véritable intérêt de l'entreprise et des sociétés qui l'hébergent. La culture multiple de l'éthique d'entreprise est à l'image des valeurs incarnées par ses acteurs : plurielle et ouverte sur les autres. En ce sens, elle se place volontairement du côté de l'humain.

Par ailleurs, si les valeurs doivent peut-être se rattacher à une morale ou en définir une dans le cadre de la société, ce qui est sans doute indispensable pour la survie même de la société en général, notre réflexion se situe dans le cadre de l'entreprise. Or, l'entreprise n'est pas la société. Sa création et son existence obéissent à des lois qui sont d'une autre nature, des logiques sociales certes, sociétales et environnementales de plus en plus, mais avant tout et fondamentalement économiques. Elle est confrontée à de multiples enjeux, de nature différente, difficiles à hiérarchiser. Il est impossible, notamment, de hiérarchiser la logique du profit et celle du respect de l'environnement, on ne peut que tenter de les concilier.

Si l'entreprise se définit des valeurs, elle ne peut donc faire abstraction de son métier, par exemple celui de tour-opérateur ou fabricant de produits de maquillage, et de sa mission première, par exemple offrir du bonheur ou de la beauté.

Ce qui en définitive construit une part essentielle de son identité.

LES VALEURS, AU CŒUR DE L'IDENTITÉ D'ENTREPRISE ET DU CONCEPT DE MARQUE

C'est entendu, les valeurs trouvent une part essentielle de leur fondement dans l'éthique. Mais il ne s'agit là que d'un aspect des valeurs, celles-ci étant souvent appelées à comparaître dès que l'on touche à l'identité de l'entreprise. Et c'est dans le champ du marketing que l'on trouvera les éclaircissements nécessaires à l'autre acception du mot valeur dans l'entreprise : les valeurs de marque.

Avant toute chose, il nous faut poser une nécessaire distinction entre marque-produit et marque-entreprise. La marque-produit, qui a fait l'objet de nombreuses recherches, est toujours au centre d'enjeux économiques importants. C'est par exemple la marque d'un produit de consommation courante, comme Dan'up ou Yop, ou d'un produit de soin, Elsève ou Fructis. Chacune de ces marques-produit est portée par des entreprises telles que Danone, Yoplait ou L'Oréal qui sont autant de marques-entreprise.

Le problème devient bien sûr plus subtil lorsque la marque-entreprise est systématiquement accolée à la marque-produit, comme par exemple dans le secteur de l'automobile avec Peugeot qui propose des Peugeot 107, Renault qui commercialise des Renault Mégane ou Opel qui vend des Opel Vectra. Il devient encore plus intéressant lorsqu'il y a fusion totale entre la marque-entreprise et la marque-produit. Dans la grande consommation – Coca-Cola et Pepsi –, dans le numérique – Sony et Canon –, dans les services – Orange et SFR – et dans le secteur Business to Business – Lafarge et Saint-Gobain, pour ne citer que les exemples les plus connus.

Le terme valeur, largement utilisé dans le domaine du marketing pour indiquer les valeurs de marque, désigne les concepts, les idées qui vont permettre de baliser la personnalité, la culture ou le territoire de la marque. Dans une époque marquée d'un côté par une accélération des marchés et de l'autre par des consommateurs de plus en plus autonomes, les valeurs, finalement, sont devenues parmi les meilleures garantes de la pérennité de la marque.

Dans la littérature marketing, qui essaye de définir ce qu'est une marque, la notion de valeur est très présente. Qu'on l'analyse comme une personne ou à travers des grilles comme a pu le faire Jean-Noël Kapferer[1] ou encore d'une manière plus systémique

---

1. Jean-Noël Kapferer, *Les marques, Capital de l'entreprise*, Éditions d'Organisation, Paris, nouvelle édition augmentée 2003.

chez Marie-Claude Sicard, la marque a besoin de mots-concept, autant dire de valeurs, pour déterminer ses fondamentaux et cadrer ce qui décrit sa personnalité ou son univers de référence, voire le public auquel elle s'adresse.

Jean-Noël Kapferer établit une première définition de la marque par la reconnaissance à celle-ci d'un pouvoir de distinction d'un produit d'un autre (la «marque sémantise les produits»). La marque confère en effet un sens au produit, qu'il ne possède pas *a priori*[1].

Il emploie dans sa démonstration le terme de «marque-contrat»[2], en prenant pour exemple les marques automobiles qui éclairent chacune, mais dans un sens différent, l'innovation apportée par le Monospace ; Peugeot revisitant, par exemple, le Monospace au travers des valeurs de performance et de robustesse. Les différentes marques automobiles, au travers de leurs valeurs spécifiques, donnent un sens singulier au monospace[3] : Peugeot mise sur des valeurs de performance et de robustesse, quand Citroën met en scène des valeurs d'imagination et d'évasion ; Fiat table sur le prix et la praticité, là où Lancia pense avec les valeurs de standing et de brio.

Appliquant à la marque le schéma classique d'un acte de communication, Kapferer envisage la marque comme l'«émetteur» d'un discours qui veut toucher un «récepteur», le consommateur. La marque, en ce sens, s'apparente à un être humain : elle possède une apparence physique, une personnalité, elle développe un univers culturel, émet un discours et entretient une relation avec le consommateur. Il est ici important de noter que cette relation se réfère largement aux valeurs et peut d'ailleurs renvoyer à l'éthique, au comportement des gens dans l'entreprise et à l'image que l'on se renvoie à soi-même.

---

1. *Op. cit.*, p. 56.
2. *Op. cit.*, p. 57.
3. Schéma : Jean-Noël Kapferer, *Les marques, Capital de l'entreprise*, Éditions d'Organisation, Paris, 2003, p. 57.

La marque se décode dès lors au travers d'un prisme[1] qui comporte six facettes qui chacune exprime un aspect de la communication que met en place la marque :

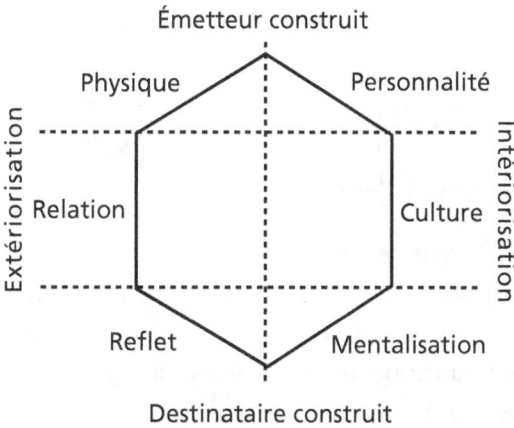

Prisme d'identité de la marque

Le prisme de l'identité[2]

La marque est un «physique»

La marque possède un ensemble de signes distinctifs, de particularités, plus ou moins facilement identifiables, venant plus ou moins facilement à l'esprit. Ces éléments constituent la base de la marque, son «physique». À titre d'exemple, Président évoque spontanément le beurre et le camembert.

La marque a une «personnalité»

La marque peut laisser entendre dans sa façon de parler ou de mettre en scène les produits ou services auxquels elle se rapporte le type de personne qu'elle pourrait être si on la comparait à une personne : Citroën est idéaliste, Ricard est bon vivant, optimiste, gai, épanoui.

---

1. *Op. cit.*, pp. 108-116.
2. Le schéma et cette liste des facettes reprennent le texte et les exemples in Jean-Noël Kapferer, *op. cit.*, pp. 108-116.

La marque est un univers culturel

Le terme de culture renvoie ici à un système de valeurs défini comme la source d'inspiration de la marque, ses principes de gouvernance aussi bien dans ses produits que dans ses diverses communications. Les plus grandes marques, les mieux établies, celles possédant la personnalité la plus forte, semblent mues par et porteuses d'une culture. Apple, par exemple, même pendant l'absence de ses dirigeants fondateurs, véhiculait encore un programme révolutionnaire.

La marque est une relation

Les marques sont souvent l'occasion d'une transaction entre personnes, d'un échange. Dior est porteur d'une relation faite d'apparat, Nike entraîne au défoulement («Just do it»), IBM est porteur d'ordre, Apple de convivialité.

Notons, au passage, que la plupart de ces marques sont aussi bien portées par le produit que par les entreprises elles-mêmes.

La marque est un reflet

La marque construit aussi un reflet, une représentation de l'acheteur ou de l'utilisateur auquel elle semble s'adresser, reflet de l'acheteur lui-même qui se doit, pour que la marque soit efficace, d'être valorisant :

> «La marque Hollywood Chewing Gum touche une clientèle très large alors que son reflet est étroit (l'adolescence entre 15 et 18 ans). Les personnages de Hollywood Chewing Gum représentent un idéal, ce que l'on souhaite devenir et faire dès que l'on sera plus âgé : [les valeurs de] liberté, sportivité, convivialité seront alors possibles.»

La marque est une mentalisation

La mentalisation est l'intériorisation de l'image de nous-même que nous renvoie la marque, puisque«à travers notre consommation de certaines marques nous entretenons un certain type de relation avec nous-mêmes.». «[…] maints acheteurs de Porsche veulent, à travers cet achat, se prouver qu'ils le peuvent. En fait, cet achat est en avance par rapport à leur carrière et d'une certaine façon un pari sur leur croissance. La marque fonctionne alors comme une obligation d'autodépassement.» «Même s'il ne fait pas de sport, le client Lacoste s'auto-analyse comme membre d'un club à base sportive, un club ouvert sans distinction de race, de sexe et d'âge.»

Les valeurs de la marque jouent un rôle capital dans la création d'une identité forte. Pour Kapferer aussi, sans valeurs, qu'elles fussent implicites ou explicites, une marque ne signifierait rien :

> *«Ce qui compte n'est pas d'avoir un nom mais d'avoir un sens, c'est-à-dire d'être l'émanation d'une valeur qui s'enracine dans ces produits et qui précisément leur donne de la valeur.»[1]*

Et c'est précisément lorsqu'elle sait instaurer à tous les niveaux de la production ou encore entre elle et ses produits une cohérence avec ses valeurs que la marque acquiert du poids et de la force :

> *«La vraie marque ne se contente pas d'être un simple nom marqué sur un produit, à la fin du processus de production ou distribution, un simple artifice graphique. Elle inspire ce processus de production et de distribution : elle injecte ses valeurs dans les produits et les services qui les accompagnent au point de vente. Les valeurs de la marque doivent donc se retrouver dans les produits les plus représentatifs de celle-ci.»[2]*

La rosace de marque

Pour cerner la marque et la communication complexe que met en place l'entreprise, Marie-Claude Sicard a, quant à elle, proposé dans son livre *Identité de marque* une grille de lecture appelée «Méthode de l'empreinte», qui se divise en sept pôles et fait également largement appel aux valeurs. Appliquant à la marque le principe, couramment admis dans les sciences de la communication, que dans un acte de communication tout fait sens, Marie-Claude Sicard part d'un premier constat[3] :

---

1. Jean-Noël Kapferer, *op. cit.*, p. 116.
2. *Op. cit.*, p. 123.
3. Le modèle de Marie-Claude Sicard est issu d'une synthèse de différents travaux effectués à l'université de Montpellier par l'équipe d'Alex Mucchielli.

«*Tout ce que fait une marque est un acte de communication : la conception d'un produit, sa politique de prix et de distribution, la fiabilité de ses services, sa publicité, la tête de ses vendeurs, celles de ses clients, son logo, son histoire si elle est connue, les sacs, les étiquettes, la couleur de la moquette de ses boutiques, tout. La communication traverse la totalité du système Marque.*»[1]

L'identité de marque n'est donc pas univoque, mais multiple, elle n'est pas unilatérale, mais pluridimensionnelle. Pour rester cohérente, c'est-à-dire fidèle à ses valeurs, l'identité doit suivre le chemin régulièrement tracé par la marque entre sept pôles de communication[2] :

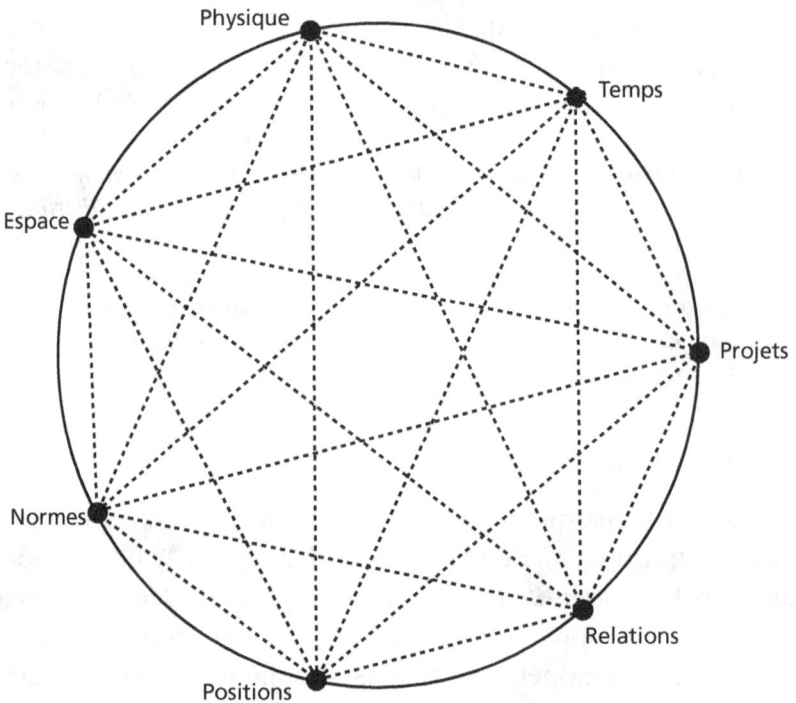

La rosace de marque[3]

---

1. Marie-Claude Sicard, *Identité de marque*, Éditions d'Organisation, Paris, 2008.
2. *Op. cit.*, p. 156. Les sept pôles, repris ici, sont détaillés dans les pages 158 à 242.
3. Marie-Claude Sicard, *Identité de marque*, Éditions d'Organisation, Paris, 2008, p. 249.

Le pôle physique

Le pôle physique peut être considéré comme le corps de la marque et, d'une manière générale, ce qui peut être perçu par les cinq sens : le produit, qu'il s'agisse de sa couleur, de sa forme ou de sa matière ; son goût, son parfum, ses qualités tactiles ou auditives ; son nom ; son logo ; son code graphique ; son prix ; son packaging, etc.

Il est déjà question dans ce pôle des valeurs de la marque. En effet, le design des produits d'une marque doit être en accord avec les fondamentaux de celle-ci. Philips a poussé très loin ce rapport : «Une marque doit refléter de façon transparente les valeurs de l'entreprise qui est derrière elle ; tout comme un individu doit agir en accord avec ce qu'on sait de lui. Nous cherchons à anticiper les besoins du futur et notre design le reflète déjà»[1].

Le pôle spatial

Les marques ne peuvent pas communiquer en dehors d'un espace matériel, sans s'inscrire dans l'espace. La marque peut élaborer sa dimension spatiale en faisant référence à un «ailleurs» réel ou imaginaire ou en s'appropriant un espace bien particulier, ou encore en tentant une solution intermédiaire, en imposant partout un même espace.

Le pôle temporel

Le pôle temporel concerne l'inscription de la marque dans le temps, la façon dont cette dernière joue avec le passé, fait appel au futur et traite le présent, voire vise l'éternité.

Le pôle des normes

Une marque peut adopter quatre positions par rapport aux normes : le soutien, le respect, la modulation, l'infraction. Quatre positions qui sont, dans les faits, ramenées à deux : soit respecter la norme, soit enfreindre la norme en en créant une nouvelle.

---

1. *Op. cit., Identité de marque*, p. 223.

Le pôle des positions

Le pôle des positions concerne la définition que se donne la marque, lorsqu'elle se définit elle-même («je suis»), lorsqu'elle définit son consommateur («tu es») ou encore lorsqu'elle se définit par rapport à celui-ci («nous sommes»).

La MAIF cherche une relation d'égalité avec ses assurés : «Nous voulons que nos nouveaux membres adhèrent à nos valeurs. Le message est politique : nous sommes les compagnons du sociétaire et nous raisonnons en termes d'affinité», déclarait son directeur de la communication au moment du lancement de sa première campagne. Pour la MAIF, les valeurs sont tellement importantes que l'entreprise les met au cœur de sa stratégie de marque[1].

Le pôle des relations

Ce sont les relations qu'entretiennent la marque et ses clients, et les actes cohérents avec ses valeurs mises en place par l'entreprise qui sont ici concernés. C'est le pôle de l'action, plutôt que du discours.

Lorsqu'elle a lancé la New, la direction marketing de Volkswagen a ainsi choisi intentionnellement de perpétuer le langage traditionnel de la marque («honnêteté, sans prétention et original»), afin de ne pas courir le risque de rompre «ce qui est fondamental, c'est-à-dire le lien émotionnel qui existe entre la Coccinelle et ses adeptes»[2]. Nous aurions envie de dire «des valeurs communes».

Le pôle des projets

Enfin, pour pouvoir mieux cerner l'identité des marques, il faut chercher quels sont «leurs intentions, leurs projets, leurs enjeux, leurs croyances», «ce qui les fait avancer, ce qui les motive» et nous rajoutons, en un mot, les valeurs qui les animent[3].

La marque est animée par des intentions ; elle est porteuse d'enjeux, de visions, de croyances et, bien entendu, de valeurs.

---

1. *Op. cit.*, p. 223.
2. *Op. cit.*, p. 230.
3. *Op. cit.*, p. 235.

La dimension identitaire des valeurs
décrite dans la plate-forme de marque

Fleury Michon a choisi le temps de s'organiser autour des valeurs, après avoir constaté que la moitié de ses consommateurs avaient une vision ambivalente de la marque. Son P-DG, Y. Gonnord, y répondit : «en faisant de l'épicurisme la valeur centrale de la marque» et en refondant aussi bien l'identité visuelle que la communication publicitaire à partir de cette valeur[1].

Devenue très à la mode depuis quelques années, la revendication des valeurs est monnaie courante chez la plupart des marques[2] :

- Cacharel et ses valeurs de «romantisme, pureté, fraîcheur, affirmation de soi» ;
- Michelin et «l'innovation au service du client», traduites par un Bibendum «salueur», le bras levé, plutôt qu'un Bibendum «fonceur» ;
- Nivea au bleu qui évoquerait «la sympathie, l'harmonie, la fidélité, l'amitié» ;
- Quicksilver qui travaille autour de notions «d'authenticité, de plaisir, de liberté et de tribu» ;
- Gap et «l'indépendance et l'individualisme» ;
- Aigle et «la protection» ;
- Chanel et «la modernité, l'insolence» ;
- Nike et «la pugnacité et la victoire» ;
- Le Club Med, selon P. Bourguignon, avec «la générosité, la sensualité, la créativité, la beauté, la convivialité», mais aussi, au hasard d'une interview «la jeunesse, l'impertinence, la liberté et le bien-être», ou encore «la détente, la table, les enfants, l'action, le ressourcement personnel».

Les valeurs ne sauraient néanmoins être le seul élément fondateur d'une marque. Les valeurs ne sont pas «[...] à elles seules créatrices d'identité – pas plus que ne l'est une image de marque, ou son

----

1. *Op. cit.*, p. 238.
2. *Op. cit.*, pp. 238 et 239.

territoire». En fait, étudier le sujet des valeurs, c'est comprendre que l'identité des marques «porte en elle une utopie»[1].

Construction complexe, aux multiples facettes, l'identité d'une marque ne se comprend que par rapport à l'identité en général. Car «l'une dépend de l'autre, et tout ce qui affecte la notion d'identité se répercute tôt ou tard sur l'identité de marque, avec un temps de retard plus ou moins long, et fût-ce à notre insu»[2]. C'est alors que l'identité permet de gagner de l'argent, de conquérir des marchés et de reconquérir des positions. Des dirigeants d'entreprise n'hésitent pas en ce sens à qualifier l'identité de marque de «bien le plus précieux d'une entreprise» et d'affirmer qu'elle est «centrale pour la vision stratégique de la marque»[3].

Mais de la même manière qu'élaborer des valeurs ne doit pas être quelque chose de passif, il est nécessaire d'organiser sa communication de marque pour que celle-ci ne se fasse pas malgré soi, mais en fonction de soi. Gérard Caron, dans un article mis en ligne en 2002 sur le site admirabledesign.com, insiste lui aussi sur le fait que la marque délimite un territoire de valeurs :

> *«À partir du moment où une marque possède une notoriété auprès d'un public quel qu'il soit, celle-ci "marque" un territoire de valeurs dans la mémoire des individus. Ce territoire ne sera jamais neutre, c'est-à-dire qu'il sera toujours porteur de données subjectives et objectives ! Soit il représentera des valeurs positives "organisées" par la marque, soit, en absence d'une politique de communication volontariste, il portera des valeurs laissées à l'appréciation totale des publics concernés avec les risques que cela comporte.»[4]*

H. Fusco-Vigné, évoquant, *in fine*, ce que porte la marque-entreprise, insiste sur le projet et la personnalité que chaque entreprise, et donc chaque marque-entreprise, porte en elle :

---

1. *Op. cit.*, p. 239.
2. *Op. cit.*, p. 287.
3. *Les Échos*, 28 juin 2000, cité par Marie-Claude Sicard in *Identité de marque, op. cit.*, p. 281.
4. Gérard Caron, article en ligne sur admirabledesign.fr, octobre 2002.

> *«La personnalité d'entreprise se réfère à la conception spécifique et distinctive qu'une entreprise, ses actionnaires, ses dirigeants, son personnel [nous rajoutons : et ses clients] se font de leur métier et de la façon de l'exercer, par rapport au marché et à la concurrence. La personnalité est souvent la «dimension stratégique majeure» des entreprises.»*[1]

Cette personnalité et le territoire que la marque-entreprise délimite se fondent sur la dimension identitaire des valeurs.

Effectuée sur plus de 150 marques médias et annonceurs, l'étude Média DNA de ZenithOptimedia se propose de «déterminer et de qualifier les valeurs des marques annonceurs et des marques médias et de les associer afin de renforcer l'efficacité des plans médias». Corinne Mrejen, directrice générale de ZenithOptimedia, explique ainsi que «les marques médias reposent très fortement et majoritairement sur des valeurs qui traduisent, par exemple, attachement et proximité», mais aussi sur l'universalité, la confiance, la détente, la satisfaction. Un sentiment de «valorisation» est ainsi prioritairement associé à des annonceurs de prestige tels que Cartier, Chanel, L'Oréal. Et c'est «en optimisant son médiaplanning» qu'«on peut ainsi renforcer son territoire de marque sur une ou plusieurs valeurs en investissant les médias qui leur sont proches»[2]. Les valeurs sortent ainsi progressivement d'un univers purement abstrait pour être utilisées dans un souci de performance.

Le management par la marque, un management par les valeurs ?

On parle de plus en plus de management par la marque. Dans cette démarche, qui considère que la marque s'est imposée comme l'élément identitaire et fédérateur de l'ensemble de l'entreprise, l'approche est finalement similaire à celle d'une démarche

---

1. H. Fusco-Vigné, *Cahier de l'ISM*, «Les enjeux de la communication institutionnelle», juin 1996.
2. Richard Sénéjoux, «Annonceurs/médias Comment faire plus si affinités», *CB News*, n° 924, 14 mai 2007, pp. 8-9.

valeurs. Lorsqu'il s'agit de passer de l'abstraction à la mise en pratique, cette démarche conduit à s'intéresser aux différents types de relation que les publics ont avec la marque, c'est-à-dire avec ses valeurs.

La proximité du management par la marque et d'un management par les valeurs est d'ailleurs évoquée par Jean-François Gagne dans son article «Marque, ce qu'elle fait à l'intérieur se voit à l'extérieur» :

> *«La marque, longtemps confinée dans les mains du marketing, apparaît comme une terre pleine de promesse en termes de management d'entreprise. Une marque est même un formidable outil de motivation et d'alignement stratégique. [...] Le management par la marque consiste à s'assurer que la promesse de la marque est effectivement tenue.»[1]*

Parmi les éléments importants pour une mise en œuvre réussie, l'entreprise doit établir «un référentiel de valeurs de la marque. Loin d'être un simple exercice de communication comme on en voit parfois, le référentiel de valeurs va devenir un corpus de règles de décision opérationnelle pour les managers et leurs équipes, en lien avec la promesse, la vision et la mission de l'entreprise. Dans une telle configuration, les valeurs, loin d'être désincarnées, sont présentes dans les choix et les débats du quotidien»[2].

La marque n'est-elle donc plus l'apanage du marketing ? Au-delà de la marque et de ses valeurs, faudrait-il, dès lors, définir des valeurs pour l'entreprise qui seraient identiques à celles de la marque ? Car définir des valeurs permet à une entreprise, au-delà des messages qu'elle peut émettre, d'anticiper ce que l'on dira d'elle. C'est-à-dire gérer un concept clé de sa réussite, sur lequel nous aurons l'occasion de revenir : sa réputation. Les valeurs offrant à l'entreprise le moyen de manager la façon dont elle

---

1. Jean-François Gagne, «Marque, ce qu'elle fait à l'intérieur se voit à l'extérieur», article en ligne sur journaldunet.com/management, 10 janvier 2008.
2. *Op. cit.*

souhaite être «mentalisée» par ses différents publics, bien au-delà de son objet social et de sa communication.

Il n'est pas non plus exclu, lorsque l'on parle de valeurs identitaires, que celles-ci se fondent précisément sur l'éthique. Et la première entreprise qui vient à l'esprit est Body Shop, dont Laura Traldi, responsable de la communication chez Philips Design, propose une vision claire et synthétique :

> *«À l'ère des incertitudes, de la désagrégation des valeurs de l'ordre établi, les gens accorderont leur confiance aux marques capables de répondre à des valeurs à long terme. Ils ne veulent plus d'aspirations, mais vivre l'inspiration. Le pionnier dans ce domaine a été Body Shop, qui ne vend pas des produits, mais des expériences, des événements impliquant totalement l'individu (physiquement, psychologiquement, moralement et intellectuellement). Dans ses boutiques, tout s'adresse aux sens (fragrances agréables, sensations visuelles et tactiles authentiques, musique relaxante) et à l'aspiration à un bien-être naturel. Body Shop s'adresse surtout aux croyances morales. Dans ses communications, l'enseigne traite principalement de questions essentielles : viabilité écologique, conscience sociale, équilibre des bénéfices économiques et sociaux pour tous. Nul besoin de promouvoir la fonctionnalité du produit ou l'aspiration à un quelconque mode de vie. Une marque positionnée sur des valeurs essentielles ne doit qu'inspirer, glisser une allusion qui fasse réfléchir son public. C'est la clé du succès pour demain.»[1]*

Il ne faut toutefois pas imaginer que la solution résiderait à transformer l'identité de toutes les entreprises pour en faire des exemples éthiques. Il est vraisemblable que toutes ne pourraient pas y prétendre, ce qui d'ailleurs n'empêche pas certaines de s'y lancer en s'exposant à un risque certain. Rappelons que selon l'étude Branding For Good effectuée par Added Value début 2007, 38 % des Français pensent que les valeurs affichées sont un argument pour faire de l'argent[2].

---

1. Laura Traldi, «Point de vue : valeurs de marque», *Stratégies*, article en ligne sur strategies.fr, 9 juin 2000.
2. Charpentier Aurélie, «L'achat éthique, entre conviction et scepticisme», in *Marketing magazine*, n° 116, octobre 2007, p. 18 et «Added Value examine les marques face à l'éthique», article en ligne sur influencia.net, 20 juin 2007.

Affirmer clairement une identité, quelle qu'elle soit, comme le font certaines entreprises, donne une longueur d'avance et une bien meilleure résistance pendant les périodes de crise, de même qu'une aptitude plus importante à gérer les successions. Dans ce cas, ces entreprises n'ont pas besoin d'avoir des patrons aussi charismatiques que les autres pour réussir. L'affirmation de valeurs dépasse ainsi les simples individus qui les mettent en place.

Ce qui caractérise souvent, notamment aux États-Unis, les valeurs identitaires des firmes dont la longévité est importante, c'est leur côté presque utopique. Et pourtant, elles ont pour la plupart réalisé bien plus que ce qui était imaginable à leur création. Ces entreprises n'ont pas eu besoin pour ce faire de commencer sur une idée géniale. Certaines ont eu du mal au début, mais ont gardé leur identité pour finalement triompher. Telle est la question essentielle, et c'est la base de la constitution de valeurs identitaires : préfère-t-on être celui qui donne l'heure ou construire des horloges qui donneront l'heure à tout le monde en tout lieu ? Les entreprises qui n'ont pas de valeurs identitaires peuvent à la rigueur être fondées sur une idée géniale ou être gérées par un leader charismatique, autrement dit donner l'heure ; les autres entreprises pouvant, elles, prospérer bien au-delà de la présence d'un dirigeant.

Les valeurs identitaires s'appliquent aux marques-entreprise, c'est-à-dire aux marques qui désignent l'entreprise elle-même. Mais est oubliée ici la dimension éthique, au sens conduite du comportement des collaborateurs. Ce qui, comme on le verra un peu plus loin, a certainement posé problème jusqu'à aujourd'hui aux hommes de communication et de marketing qui ressentaient qu'une dimension faisait défaut ou que la dimension identitaire était, en fin de compte, trop limitative dans les valeurs d'entreprise.

De fait, une question demeure. Comment lier ces deux dimensions pour en proposer une vision synthétique ?

Chapitre 3

Les valeurs,
code génétique de l'entreprise

La non-distinction entre la vision «identitaire» qui vise à définir l'entreprise dans sa singularité, et la vision de nature plus «éthique» qui cherche à guider la conduite de ses collaborateurs, de fait, a longtemps posé problème dans la détermination ou la formalisation des valeurs. Une partie du management, en général proche de la sensibilité marketing, voit dans les valeurs avant tout leur aspect différenciateur, c'est-à-dire un moyen de donner un avantage concurrentiel à leur communication. L'autre partie, en général davantage sensible aux aspects des ressources humaines, considère les valeurs dans leur sens éthique si ce n'est moral ; avec néanmoins, le plus souvent, un souci également concurrentiel.

Ces deux visions ont tellement de difficulté à cohabiter que l'on a pu voir plusieurs cas de grandes entreprises où le département de communication interne dépendant des ressources humaines refusa d'échanger sur le sujet des valeurs d'entreprise avec le département de communication externe. Et avec pour argument que les valeurs n'avaient rien à voir avec le marketing : on ne devait confondre les valeurs d'une entreprise avec sa communication commerciale. Autrement dit sa dimension institutionnelle et sa démarche marketing. On retrouve bien ici la difficulté, assez française au bout du compte, à envisager une quelconque compatibilité entre l'éthique et les choses de l'argent.

D'un côté, l'entreprise qui se veut citoyenne, de l'autre celle qui vend et qu'il faut bien «tolérer». Cette façon de penser l'entreprise, finalement difficile à comprendre, génère de nombreux débats souvent stériles à tout niveau. Elle était difficilement acceptable, elle devient aujourd'hui tout simplement impossible.

À cela au moins une raison mais qui, à elle seule, change la donne : l'arrivée d'Internet et le décloisonnement des publics qui en découle.

INTERNET CHANGE LA DONNE

Salarié, client, actionnaire, quel que soit le statut qui détermine sa relation avec l'entreprise, la première des attentes sera la cohérence des messages que cette dernière émet. D'autant qu'il est de moins en moins rare, dans le cas d'une grande entreprise, que l'on puisse avoir les trois statuts à la fois.

C'est vrai pour le salarié qui veut comprendre les orientations prises par son entreprise et le sens de son travail. Cela l'est aussi pour le client qui souhaite une lisibilité de l'entreprise avec laquelle il échange (même virtuellement par l'intermédiaire d'un distributeur). C'est également vrai pour l'actionnaire dont l'adhésion repose avant tout sur la confiance puisqu'elle-même repose sur la cohérence du discours tenu par l'entreprise.

Avec le développement des médias et de la communication, notamment électronique, l'information est partout, pour tous, immédiatement accessible, à portée d'un clic de souris, de l'ouverture d'un magazine ou même d'un simple échange informel.

Et les différents discours véhiculent des informations qui ont un sens et font sens. Imaginez une entreprise qui d'un côté indiquerait à ses actionnaires que son management vise avant tout la prudence et qui, de l'autre, valoriserait dans sa communication marketing l'audace comme première valeur ? Quelle cohérence perceptible ? De même, une entreprise qui dirait à ses salariés que la priorité est donnée à la sécurité et qui ferait part à ses actionnaires d'une priorité donnée à la profitabilité ? De quelle crédibilité pourrait dès lors se prévaloir les discours d'entreprise ?

Si ces cas n'existent pas en l'état, nous en avons vu plus d'un qui s'en rapprochait grandement, avec des discours très facilement décodables par les différentes parties.

Depuis les années 1990, la société n'a pas seulement évolué, elle s'est considérablement transformée. Internet a modifié la donne. Pour le monde en général, bien sûr, mais tout particulièrement pour l'entreprise. Car avec l'Internet, l'information est accessible à tous, partout, tout le temps. Une fois émise, l'information n'est plus maîtrisable. L'entreprise ne peut plus segmenter ses discours comme elle pouvait le faire avant l'arrivée de l'Internet et s'adresser de façon bien différenciée, selon qu'elle parlait à ses actionnaires, ses salariés, ses réseaux de distribution et ses clients. L'Internet oblige désormais l'entreprise à un exercice permanent de cohérence de ses discours.

Mais comment, assurer une cohérence entre le discours marketing et le discours institutionnel ? Quelles lignes directrices vont permettre de s'adresser aussi bien à l'actionnaire soucieux de confiance, de profitabilité et à la société civile soucieuse d'engagement social et sociétal ? À quel fondement rattacher l'engagement auprès des salariés et celui auprès des clients ?

Un chef d'entreprise a dit un jour : «*Mon métier consiste à gérer les insatisfactions de tous. Si j'augmente mes prix, je rends mes actionnaires satisfaits et mes clients furieux. Si je baisse mes prix, je réjouis mes clients mais j'inquiète mes actionnaires*». Avec Internet, ce chef d'entreprise est en permanence suivi par le regard attentif de tous ses différents publics.

Nous en sommes donc venus à considérer l'entreprise de façon plus globale ou, si l'on préfère, plus transversale. Avec le corollaire d'aborder son management – et sa communication – de façon plus systémique.

Car même si l'on ne s'appelle pas Michelin ou Procter & Gamble, entreprises plus accoutumées de par leur envergure à un exercice de cohérence, il n'est plus possible d'envisager de segmenter la communication en différents systèmes sans la rattacher à des lignes de force communes.

Avec l'Internet et notamment le Web 2.0, l'entreprise se trouve aujourd'hui confrontée à un phénomène nouveau qui bouleverse, sans aucun doute possible, la conception globale de sa communication. Cette nouvelle étape constitue une étape majeure de la communication. Désormais, concernant l'entreprise, on s'intéresse moins à ce que vous dites qu'à ce que l'on dit de vous.

Prenons un exemple : si je tape «Danone» sur le moteur de recherche de référence Google (on dit d'ailleurs depuis déjà pas mal de temps *«googeliser»* pour dire rechercher sur Internet), je risque de trouver aussi bien, sans que l'on sache si je suis un client effectif ou potentiel, un actionnaire effectif ou potentiel, un salarié toujours effectif ou potentiel (voire un ancien salarié, éventuellement licencié), un étudiant, un distributeur, un expert, un journaliste, des informations qui sont de nature aussi bien marketing qu'institutionnelle, interne qu'externe.

Cette situation est incontestablement nouvelle. Elle ramène finalement l'entreprise à la notion de village où tout – ou presque – est exposé à tous, où tout se sait, tout se raconte, se répète à l'infini et surtout, dimension souvent laissée de côté lorsque l'on parle de l'Internet, rien ne s'oublie. Ce qui ramène à nouveau à la notion de cohérence et de réputation.

LE MARKETING RENOUE AVEC LE CORPORATE

Depuis toujours les communicants savent que la cohérence est une force. Avec la montée en puissance de l'Internet, elle est devenue un impératif.

Pour bon nombre d'entreprises la démarche marketing est tellement séparée de la démarche institutionnelle qu'il n'est pas rare d'observer dans les documents marketing des références à des valeurs de marque-entreprise et des références aux valeurs de l'entreprise ; de même, dans les documents à vocation institutionnelle, notamment dans les supports exploités par les ressources humaines, des valeurs sans relation avec la marque. Là précisément où il deviendra impératif de créer un système de valeurs à même de mettre l'entreprise en cohérence.

On a pu voir par le passé une grande entreprise où les collaborateurs marketing n'avaient aucune possibilité de rencontrer leurs homologues au service ressources humaines pour échanger leurs idées sur la thématique des valeurs. Une telle approche serait aujourd'hui absolument contre-productive.

Mettre l'approche marketing en phase avec l'approche corporate (où l'inverse) n'est plus une nécessité mais un impératif.

Or, justement, les valeurs permettent d'apporter les fondements d'une véritable communication transversale, c'est-à-dire une communication non seulement externe et interne mais également en direction de toutes les parties prenantes en offrant un outil de cohérence sans équivalent. De fait, les valeurs offrent un levier de management et de cohérence pour la bonne marche de l'ensemble de l'entreprise.

Grâce précisément à leur nature abstraite (ce qui, d'ailleurs, leur est en général reproché), les valeurs permettent de fédérer l'ensemble des messages de l'entreprise et livrent le moyen de rendre enfin harmonieux les différents types de communication : corporate et marketing, interne comme externe.

Marie-Claude Sicard soulignait déjà ainsi le lien nécessaire entre la marque et l'entreprise dans son ensemble :

> *«Une marque doit refléter de façon transparente les valeurs de l'entreprise qui est derrière elle ; tout comme un individu doit agir en accord avec ce qu'on sait de lui.»*[1]

De même, pour Jean-Noël Kapferer :

> *«Le combat des marques aujourd'hui sera non seulement celui des business models, mais des supra-buts, des supra-valeurs, des béné-*

---

1. Marie-Claude Sicard, *Identité de marque*, Éditions d'Organisation, Paris, 2008, p. 167.

fices collectifs ultimes. Pour porter cette méta-valeur, la marque corporate est le candidat idéal.
La marque corporate de demain n'est plus seulement marque "caution", elle est "marque source", c'est-à-dire source de la foi en quelque chose qui dépasse la consommation. Non plus d'un style de vie mais d'une vision de la vie.»[1].

Des exemples d'entreprises ayant intégré ces différentes dimensions commencent d'ailleurs à apparaître.

Bernard Emsellem, directeur de la communication de la SNCF, affirmait par exemple dans une interview accordée à CB News : «*L'entreprise nationale cultive trois valeurs : "la responsabilité", "l'inventivité", "la proximité"*», valeurs qui, affirme-t-il, doivent «se retrouver dans les campagnes [publicitaires]». Néanmoins, il s'agit plutôt là d'un esprit, les responsables préférant des «campagnes allusives» à la «communication primaire», en raison avance-t-il de «la culture publicitaire élevée du public».[2]

Yahoo! de son côté revendique comme valeurs d'entreprise la «mobilité», la «confiance», l'«espace de communication», valeurs qu'il a exposées dans ses campagnes de 2004[3].

Nicolas Bordas[4], lors d'un chat sur le site du magazine Stratégies remarquait également :

«Après la globalisation et le numérique, la porosité communication commerciale/communication corporate est le 3ᵉ facteur qui impacte le plus nos métiers. On ne peut plus lancer un produit alimentaire sans intégrer les enjeux nutritionnels et l'obésité ; on ne peut plus lancer une voiture sans se poser la question de l'impact environnemental, et un jour de la pénurie d'essence.»[5]

---

1. Jean-Noël Kapferer, *Ce qui va changer les marques*, chapitre 14 «Donner du poids à la marque corporate», p. 321.
2. Bernard Emsellem, interview «3 questions à Bernard Emsellem, Directeur de la communication de la SNCF», *CB News*, n° 897, octobre 2006, p. 27.
3. «Mon Yahoo! Mail et moi…», la nouvelle campagne de Yahoo! Mail», article on line, in *Lettre de l'E-marketing*, 23 février 2004.
4. Président de TBWA France.
5. Sur le site stratégies.fr, janvier 2008.

Pascale Weil, associée en charge de la stratégie des marques chez Publicis, le constate également :

> *«L'affirmation de leurs valeurs est un moyen simple pour les entreprises de donner des points de repère à tous et de partager les principes au nom desquels elles conçoivent leur métier. Mais elle leur sert aussi à se distinguer des concurrents, à nourrir leur réputation d'engagements éthiques, à donner aux meilleurs candidats et collaborateurs des raisons de se voir préférées par eux et enfin, elle leur sert à responsabiliser chacun.»*[1]

UNE CULTURE POUR AGIR, DES VALEURS POUR S'UNIR

Un des sujets récurrents pour la direction d'un grand groupe est une communication lisible de sa stratégie. Elle doit pour cela porter les repères et le sens des objectifs à atteindre par l'ensemble des collaborateurs. Dans ce contexte, les valeurs énoncées ont donc une mission essentielle : rendre lisible en rappelant la part d'humanité indispensable à toute stratégie entrepreneuriale.

Tout le monde s'accorde donc aujourd'hui à dire qu'il est nécessaire d'assurer une harmonie entre la dimension institutionnelle des entreprises et leur dimension marketing ; bien qu'aucun modèle jusqu'à présent n'ait été réellement proposé pour venir au secours des entreprises qui restent seules pour résoudre ces différents enjeux.

C'est dans ce cadre qu'un système de valeurs apporte une réponse déterminante, à même de résoudre l'abstraction nécessaire pour fédérer et constituant un guide pour le passage à la pratique.

Tout compte fait, les enjeux d'entreprise peuvent se résumer sur deux grands axes autour de quatre grandes dimensions de l'entreprise. Un axe allant du corporate au marketing, un axe allant de l'interne à l'externe. Des mêmes dimensions structurent les différentes communications de l'entreprise.

---

1. Isabelle Musnik, «Valeurs d'entreprise : à consommer avec modération», *Influencia*, décembre-janvier 2006.

Placer les valeurs au cœur des enjeux de l'entreprise

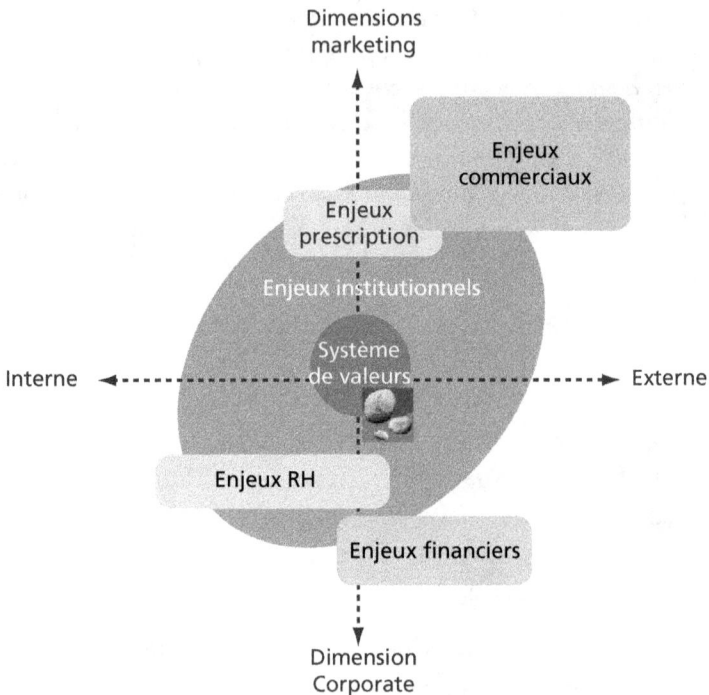

Le premier axe (corporate/marketing) met en évidence :

- les communications dont l'enjeu est de vendre : la communication marketing ;

- les communications qui ont pour but de défendre ou valoriser l'entreprise en tant qu'institution : la communication institutionnelle ou communication corporate.

Bien séparées et distinctes dans les grosses organisations, ces deux communications ne font le plus souvent qu'une dans les petites et moyennes entreprises.

Le second axe (interne/externe) vise à scinder :

- la communication qui s'adresse aux publics internes et aux publics proches tels que les réseaux de distribution et/ou les réseaux de prescription ;

- la communication externe qui s'adresse aux publics plus éloignés que, le plus souvent, on ne peut toucher qu'indirectement.

D'un côté on s'adresse aux salariés de l'entreprise, souvent en distinguant le collège des cadres et managers de celui de l'ensemble des salariés. De l'autre, on s'adresse à tous les autres publics externes : clients, bien sûr, mais aussi toutes les autres parties prenantes et les relais d'opinion.

Ces différents pôles, parce qu'ils sont structurants, seront, d'une manière ou d'une autre, amenés à perdurer mais doivent être complètement revisités avec l'éclairage nouveau qu'apporte l'Internet. La communication ne peut plus se limiter à une vision exclusivement corporate ou strictement marketing, ni être pensée de façon purement interne ou uniquement externe. La communication, et donc le système de valeurs, concerne désormais, de façon systémique, l'ensemble des enjeux de l'entreprise.

Placer le système de valeurs au centre de la démarche de management permet de fédérer et de donner un sens commun aux différents enjeux structurels et fonctionnels de l'entreprise, et par conséquent à ses différentes communications. Et c'est d'ailleurs parce qu'un système de valeurs fédère les différentes dimensions de l'entreprise (interne/externe – corporate/marketing) qu'il offre dans le domaine de la communication le plus de potentialité.

Un système de valeurs, disons-le d'emblée, à la condition d'avoir été correctement formalisé puis déployé, permet à la fois de fédérer et de donner du sens aux grands domaines d'activité de l'entreprise et de fédérer les différentes communications ; tout en laissant aux initiatives, comme aux communications spécialisées par enjeux, la part indispensable d'autonomie et de créativité nécessaire. Le système de valeurs donne l'élément structurant, les communications y trouvent la source de leur cohérence, et viennent enrichir de façon complémentaire le capital «marque» des entreprises.

Les valeurs, fondement des différentes communications de l'entreprise

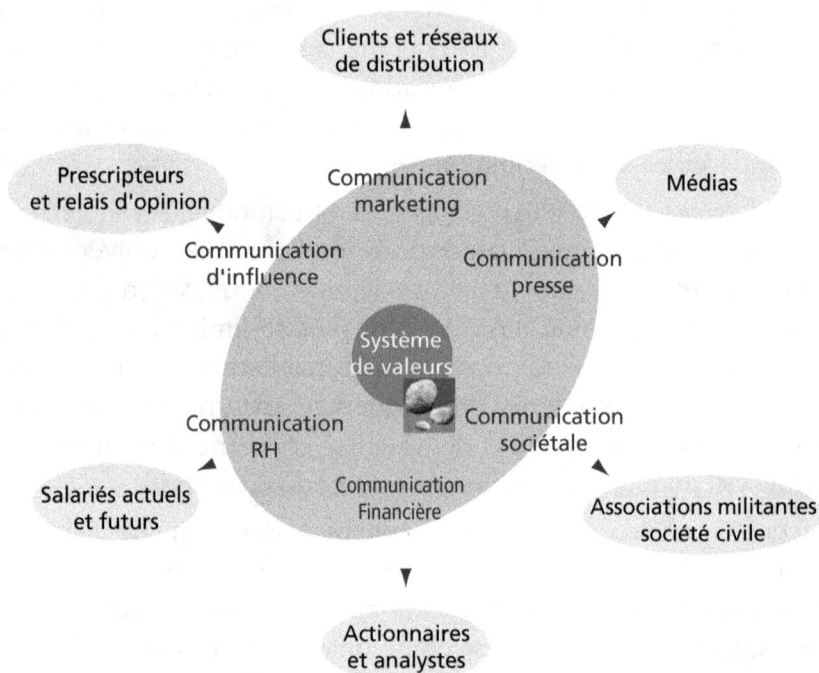

LES VALEURS, CODE GÉNÉTIQUE DE L'ENTREPRISE

Nous avons pris l'habitude de mobiliser notre réflexion autour des valeurs et formaliser cette réflexion autour du concept de code génétique. Code génétique ? Le terme est loin de pouvoir faire l'unanimité ! Tant il est vrai que la notion de code génétique pris dans son sens scientifique est complexe et tant il désigne essentiellement ce qui a trait à l'hérédité et à l'inné.

Terme impropre sûrement, mais code génétique tout de même. Car une entreprise, symbolisée par sa marque-entreprise, a des gènes d'origine qui sont très souvent liés à son histoire, sa création, mais qui sont aussi le fait de mutations successives liées aussi à son histoire, à l'actualité ainsi qu'aux publics auxquels elle doit répondre. Une entreprise, comme une marque-entreprise, doit être considérée comme un être vivant qui, sans cesse, évolue au gré de la vie des marchés et de la vie des entreprises.

Code génétique, car une entreprise ne peut pas non plus faire muter sa culture comme elle le souhaite. Tous les chefs d'entreprise vous diront qu'ils peuvent influer, faire évoluer, même transformer une entreprise. La changer radicalement est une mission impossible. Il existe bel et bien un noyau dur de culture qui à la fois alourdit l'entreprise mais qui lui donne aussi sa force.

Code génétique enfin, parce les valeurs inspirent l'entreprise dans l'ensemble de ses dimensions : dimension interne, externe, corporate et marketing.

Le code génétique est issu des valeurs. Il porte sur une dimension tant imaginaire que sur sa représentation liée à l'expérience concrète qu'elle propose. Le code génétique met en relation les différentes valeurs qui s'éclairent l'une de l'autre en définissant le sens particulier que telle valeur a pour une entreprise. À titre d'exemple, si une valeur pilote choisie par l'entreprise est la tradition, celle-ci peut renvoyer soit au classicisme soit à l'authenticité en valeurs associées.

Si les modèles vus précédemment dans le domaine de l'éthique comme dans celui de la marque sont incontestablement essentiels et éclairants, il nous a semblé nécessaire de les compléter d'un nouveau modèle, fondé sur les valeurs, qui se révèle très opérant pour l'entreprise prise dans sa globalité et dans la pratique quotidienne de la communication. Ce modèle, que nous avons appelé «code génétique», intègre en amont les différentes dimensions des valeurs, les segmente à deux niveaux (valeurs pilotes et valeurs associées) et les répartit selon deux axes :

- de l'éthique à l'identitaire : il permet de répartir les valeurs selon leur dimension plus ou moins éthique à plus ou moins identitaire, ce qui reste relatif à chaque entreprise selon son domaine d'activité[1] ;

---

1. On pourra utilement se référer au benchmark des différents secteurs d'activité au chapitre 5.

- du respect des normes à leur dépassement : permettant de distribuer les valeurs entre ce que l'on peut considérer comme des normes, plus ou moins admises de la société dans son ensemble ou dans le secteur particulier de l'entreprise, et ce qui constituera un dépassement de ces normes.

Une remarque : il est nécessaire de distinguer l'approche valeurs des entreprises exerçant leur activité dans le domaine busines to business des entreprises s'adressant au grand public.

Dans le domaine business to business, les valeurs corporate et marketing structurent nécessairement un seul et même système de valeurs.

Pour les entreprises exerçant leur activité dans l'univers grand public, deux options sont possibles :

- intégrer les valeurs corporate et marketing dans un code génétique commun (en différenciant éventuellement par un code couleur différent les valeurs associées spécifiquement corporate des valeurs spécifiquement marketing) ;
- définir des codes génétiques différents entre celui de la marque-entreprise et ceux des marques-produits quitte à identifier les valeurs partagées, au niveau de l'entreprise, par l'ensemble de ces différentes marques.

Sur les cinq modèles présentés ci-après, trois concernent des entreprises exerçant leur activité dans différents domaines du business to business (industrie, exploitation forestière, logistique), deux dans des domaines grand public (linge de maison, mutuelle de santé).

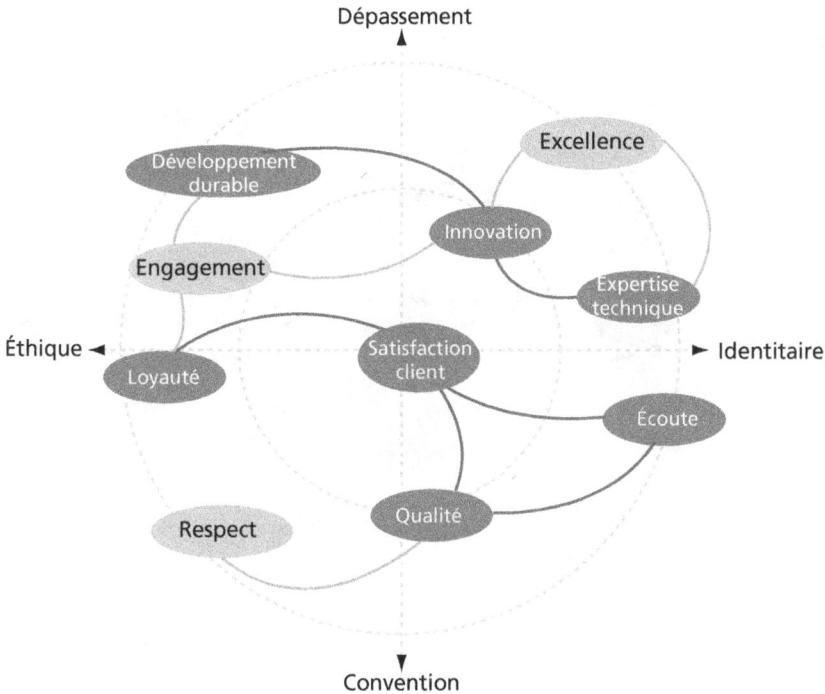

Exemple 1
Entreprise du secteur industriel

PCM, entreprise spécialisée dans la gestion des fluides, place la satisfaction client au centre de ses préoccupations. Avec l'engagement et le respect, l'excellence constitue une des trois valeurs pilotes formalisées pour PCM qui guident cette PME internationale.

Chacune de ces trois valeurs fédèrent à un second niveau plusieurs valeurs, dites «valeurs associées». L'engagement de PCM s'exprime au travers des valeurs de loyauté, de développement durable et d'innovation qui qualifient l'engagement et le rôle social de PCM vis-à-vis de son environnement, de ses clients et ses collaborateurs.

Les valeurs associées peuvent elles-mêmes renvoyer vers une ou plusieurs valeurs pilotes. Tel est le cas de la valeur «Loyauté» qui renvoie directement vers la valeur pilote «Engagement» et est liée au «Respect». Les trois valeurs pilotes sont facilement mémorisables par le sigle «ERE».

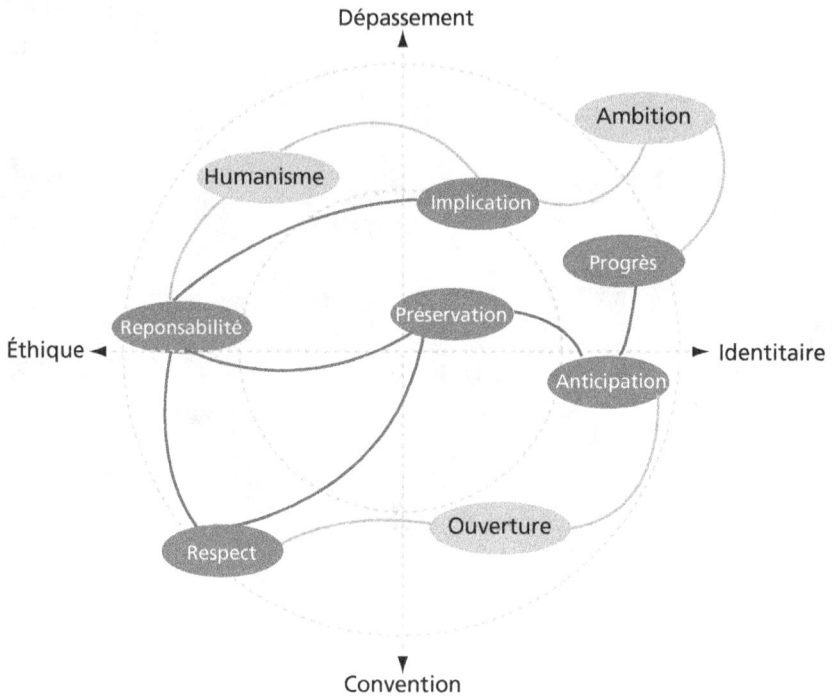

Exemple 2
Entreprise du secteur de l'exploitation forestière

Rougier est une entreprise française dédiée à la gestion de forêts tropicales primaires en Afrique. Son activité a nécessairement des implications sociales, sociétales et environnementales majeures dans les pays en voie de développement dans lesquels elle opère.

La notion de préservation de la nature, des hommes et des animaux, bien intégrée par l'entreprise, est placée au centre du code génétique, en tant que valeur associée, pivot renvoyant directement ou indirectement vers toutes les autres valeurs d'ouverture, d'humanisme et d'ambition.

L'ambition est ici considérée comme un facteur d'évolution, claire-ment inscrit dans un système que Rougier ne conçoit pas hors des notions d'humanisme et de responsabilité. Ouvert sur le monde et les hommes, Rougier ne peut se penser en vase clos.

Dépassement

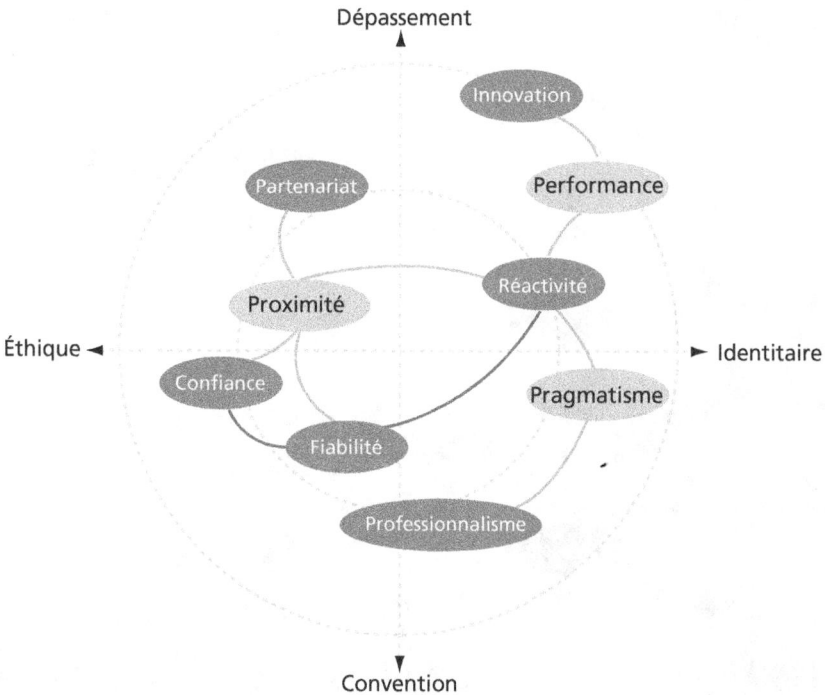

Éthique ◄

► Identitaire

Convention

Exemple 3 – Entreprise du secteur logistique

Issue du rapprochement de nombreuses entreprises du secteur du transport et de la logistique, Transalliance s'est reconnue dans un système de valeurs structuré autour de trois valeurs pilotes : proximité (valeur de conduite), pragmatisme (valeur de compétence), performance (valeur gagnante).

La proximité s'entend non seulement dans un sens géographique, de par l'histoire de chacune des entreprises locales qui la composent, mais surtout dans le sens de l'alliance entre l'entreprise et ses clients, dans un cadre de partenariat.

On notera la fiabilité, une des valeurs fondamentales de l'entreprise, mais pouvant être considérée comme trop commune par rapport aux autres entreprises du secteur. Elle a donc été placée en tant que valeur associée renvoyant directement ou indirectement vers les autres valeurs pilotes. Cette valeur est néanmoins rappelée régulièrement dans la communication marketing de l'entreprise.

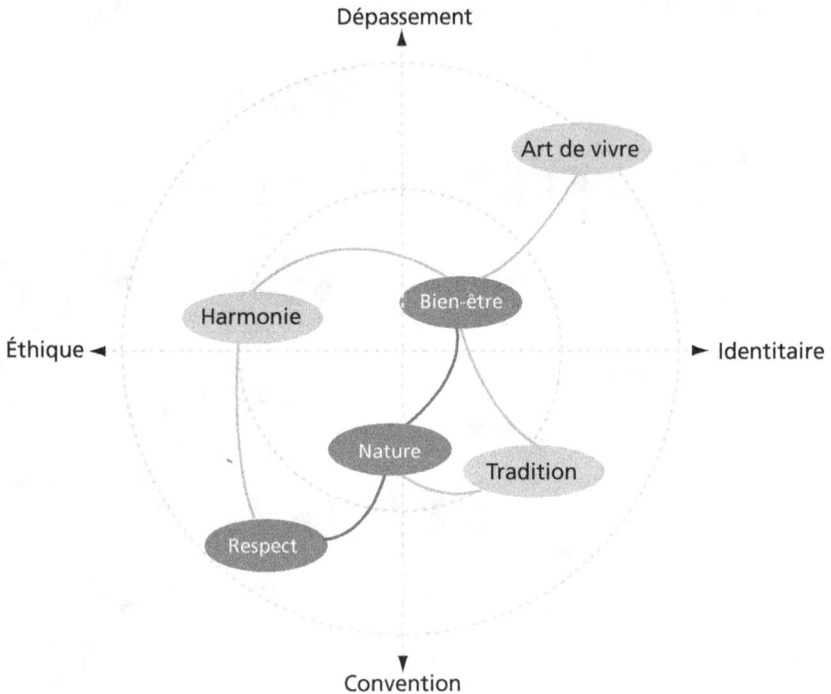

Exemple 4 – Entreprise du secteur linge de maison

Claude-Anne de Solène compte parmi les entreprises de référence en linge de maison haut de gamme. Elle a identifié trois valeurs pilotes : harmonie, art de vivre et tradition, qui fédèrent la marque-entreprise comme la marque grand public. L'ensemble de ces valeurs s'articule autour d'une valeur associée, le bien-être, pivot de la marque qui renvoie directement ou indirectement à toutes les valeurs pilotes ou associées.

Ce bien-être est naturellement lié à un art de vivre spécifique proposé par la marque Anne de Solène, qui porte dans ses gènes la tradition du linge des Vosges, l'amour du beau linge d'autrefois et l'intégration de motifs liés au respect de la nature.

Anne de Solène, entreprise à forte tradition, conçoit aussi une ligne de ligne de lit intemporelle qui se transmet de mère en fille. Une marque en harmonie avec toutes les générations, sa troisième valeur pilote.

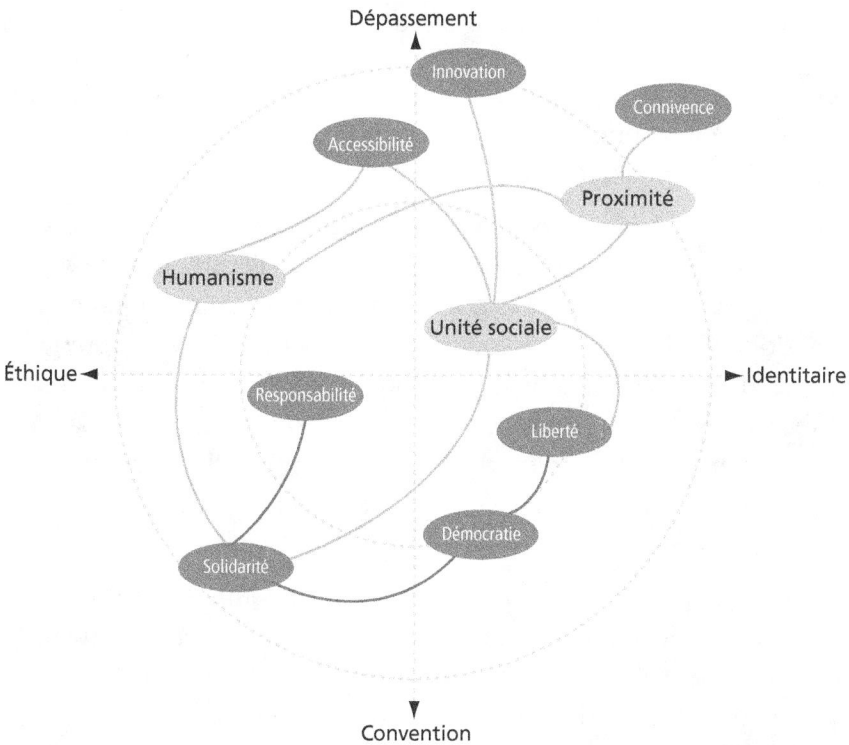

Dépassement

Innovation

Connivence

Accessibilité

Proximité

Humanisme

Unité sociale

Éthique ◄ ────────────────────── ► Identitaire

Responsabilité

Liberté

Démocratie

Solidarité

Convention

Exemple 5 – Mutuelle santé

Mutuelle santé régie par le code de la mutualité, Harmonie Mutualité est une société de personnes et non de capitaux, donc sans but lucratif ni actionnaire. Son code génétique est ainsi naturellement proche des valeurs mutualistes de solidarité, de démocratie, de liberté et de responsabilité. Ces notions sont même tellement bien intégrées qu'elles sont dépassées par trois valeurs pilotes, qui constituent le fondement du propre esprit mutualiste d'Harmonie Mutualité : proximité, humanisme et utilité sociale.

Bien plus qu'un code génétique, c'est une raison d'être. Ancrée dans la vie de tous les jours et militant pour l'accès de tous à la santé, Harmonie Mutualité répond ainsi aux besoins de protection et de bien-être de ses bénéficiaires, notamment en accompagnant ses adhérents en difficulté *via* son service social. On ne s'étonnera donc pas de retrouver en valeurs associées la connivence, l'innovation et l'accessibilité.

LES VALEURS, FONDEMENT DE LA RÉPUTATION

Fédératrices des différentes dimensions de l'entreprise, les valeurs apportent enfin une vision renouvelée de la communication d'entreprise autour d'un concept clé : sa réputation.

Car tout compte fait, le fondement de la réputation d'une entreprise tient, comme pour un individu, dans l'absence d'écart entre ce que dit l'entreprise et ce qu'elle fait, entre ce qu'elle communique et la façon dont elle se comporte concrètement : la qualité de ses prestations ou de ses productions et sa conduite sociétale et celle de ses collaborateurs. Les valeurs entrant en jeu dans ce qui apparaît souvent comme de simples détails telle la nouvelle organisation d'un service séminaire ou la modification d'un produit ou d'une offre de services.

Nous l'avons déjà vu, les valeurs portent dans leur nature même de permettre de naviguer de l'abstrait au concret et *vice versa*. Elles conduisent nécessairement à fondre l'approche identitaire et l'approche éthique qui, en définitive, ne font qu'une.

L'identitaire se réfère au «dire», l'éthique au «faire». Ces deux dimensions se traduisent en une équation simple : l'identitaire plus l'éthique constituent le fondement de la réputation de l'entreprise et de la confiance que ses publics mettent en elle. Mettre en cohérence le dire et le faire dans une entreprise est la principale condition de sa réputation dont chacun sait aujourd'hui qu'elle constitue le premier levier de confiance, et donc de succès, de l'entreprise.

Identitaire + Éthique = Réputation

Comme nous l'avons vu précédemment, c'est bien sûr au centre de la marche de l'entreprise, et non pas en tant que simple étendard répondant à un effet de mode, qu'un système de valeurs doit être positionné. C'est à ce niveau qu'il est porteur de sens pour l'entreprise et ses différentes parties prenantes, comme le souligne H. Fusco-Vigné :

> *«L'inutilité d'alléchantes publicités et de promotions si, par leurs attitudes et comportements, les personnels de l'entreprise réservent aux prospects et aux clients un mauvais accueil et donnent ainsi de l'entreprise et de ses produits ou services une image démentant les promesses faites, autrement dit si ne sont pas suivies les valeurs éthiques de l'entreprise.»*[1]

Après être passés de la réclame à la publicité, puis de la publicité à la communication, nous évoluons à présent de la communication à la gestion de réputation.

Ce qui compte finalement, c'est moins ce que vous dites que ce que l'on dit de vous.

---

1. H. Fusco-Vigné, «Les enjeux de la communication institutionnelle», in *Cahier de l'ISM*, juin 1996.

PARTIE 2

CONNAÎTRE LES VALEURS

Chapitre 4

Cartographie des valeurs d'entreprise

L'inventaire des valeurs retenues par les entreprises françaises et internationales – développées au cours des deux chapitres suivants – amène à réfléchir à la possibilité de les regrouper selon une typologie adaptée.

De par leur nature, les valeurs citées par les entreprises nous ont conduit à proposer une nouvelle classification indiquant les grandes orientations prises par le management de ces entreprises.

Depuis 2004, sous la conduite de notre comité expert, les valeurs pilotes ont été regroupées en huit familles de valeurs.

LES 8 FAMILLES DE VALEURS

Les valeurs de compétence

Elles permettent aux entreprises d'énoncer leur savoir-faire et leur professionnalisme dans leur secteur d'activité. On trouve dans cette famille des valeurs telles que le savoir-faire mais aussi la qualité, l'excellence, l'exigence ou encore la rapidité/réactivité.

Les valeurs gagnantes

Elles réunissent des valeurs comme l'ambition, l'esprit d'entreprise, l'innovation, le progrès ou encore la combativité.

Les valeurs de conduite

Elles auraient également pu s'appeler valeurs d'attitude, et représentent la façon dont l'entreprise conçoit son métier et se comporte en interne. On trouve dans cette famille des valeurs comme la responsabilité, la liberté, l'ouverture ou encore l'authenticité.

Les valeurs relationnelles

Elles désignent la façon dont les entreprises conçoivent les modes comportementaux prioritaires, en interne et vis-à-vis de l'environnement de l'entreprise (clients, prospects, fournisseurs, etc.). Cette famille regroupe des valeurs telles que le respect, la proximité, la confiance ou l'esprit d'équipe.

Les valeurs morales

Elles indiquent de manière claire les consignes comportementales à respecter, tant à l'intérieur qu'à l'extérieur de l'entreprise. Il n'est donc pas étonnant de trouver dans cette famille des valeurs comme l'honnêteté, l'intégrité, la transparence, la franchise et la loyauté.

Les valeurs sociétales

Elles regroupent les valeurs qui relient l'entreprise à la société dans son ensemble : respect de l'environnement, solidarité et citoyenneté. Le principe d'action «développement durable» a été inclus dans cette famille à cause des entreprises qui ont cité ce terme en le rattachant à la notion de valeur.

Les valeurs d'épanouissement

Elles entendent mettre l'homme au cœur des préoccupations de l'entreprise. Outre le terme «épanouissement», cette famille regroupe également des valeurs comme l'humanisme, le plaisir, le développement personnel ou encore le talent.

Les valeurs sociales

Dernière du classement, cette «petite» famille inclut les valeurs qui visent à fédérer les salariés d'une entreprise en exprimant l'ambition d'une politique de management participative et juste. Elle regroupe des valeurs comme l'équité, le pluralisme, la participation.

Voici réunies en tableau de famille de valeurs, les différentes valeurs citées :

Les familles de valeurs et leurs principales valeurs pilotes

Valeurs de compétence	confidentialité/satisfaction client/détermination/différenciation/ efficacité/excellence/international/savoir-faire/management/ orientation marché/organisation/prévention/professionnalisme/ qualité/rapidité/régionalisation/réputation/sélection/service/ solvabilité/spécialisation/pérennité/création de valeurs
Valeurs gagnantes	ambition/anticipation/compétitivité/courage/enthousiasme/esprit entrepreneurial/exclusivité/esprit combatif/croissance/initiative/ innovation/performance/succès
Valeurs de conduite	adaptabilité/attention/attractivité/authenticité/disponibilité/ clairvoyance/liberté/humilité/humour/individualité/inventivité/ modernité/ouverture/passion/fierté/exigence/responsabilité/ simplicité/implication de l'équipe/tradition
Valeurs relationnelles	accessibilité/communication/confiance/considération/convivialité/ harmonie/partenariat/proximité/respect
Valeurs morales	éthique/intégrité/loyauté
Valeurs sociétales	environnement/santé/partage/responsabilité sociale/ développement durable
Valeurs d'épanouissement	esthétisme/humanisme/développement personnel/plaisir/ sensibilité/talent
Valeurs sociales	égalité/équité/amélioration de la qualité de vie/intégration/ mutualisme/participation/patriotisme/pluralisme/démocratie

Cette structuration en 8 familles a fait l'objet d'une cartographie qui permet de visualiser chaque famille d'une part selon son «poids», correspondant aux valeurs plus ou moins retenues par les entreprises, et d'autre part selon son positionnement sur un axe horizontal, allant de l'éthique à l'identitaire, et un axe vertical, allant du respect de normes pouvant être considérées comme «communément admises» au dépassement de ces normes.

- **De l'éthique à l'identitaire** : l'axe horizontal positionne les familles de valeurs selon que leur nature évoque une dimension plus proche de l'identitaire ou de l'éthique.

- **Du respect des normes à leur dépassement** : l'axe vertical positionne les familles de valeurs selon qu'elles appellent à respecter ce qui peut être considéré comme une norme de la société, telles notamment les valeurs morales, ou à les dépasser, comme, par exemple, une entreprise qui s'engage fortement dans le respect de l'environnement ou le développement durable.

Cartographie des familles de valeurs en France
(toutes entreprises confondues)

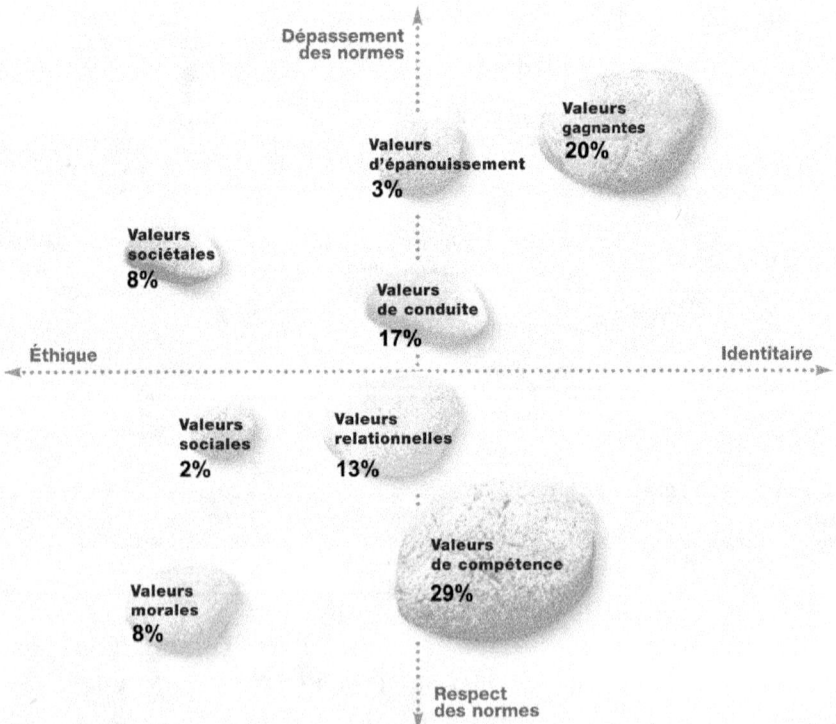

Dépassement des normes

Valeurs gagnantes
20%

Valeurs d'épanouissement
3%

Valeurs sociétales
8%

Valeurs de conduite
17%

Éthique

Identitaire

Valeurs sociales
2%

Valeurs relationnelles
13%

Valeurs de compétence
29%

Valeurs morales
8%

Respect des normes

Le regroupement des familles par valeurs a permis de mettre en évidence qu'une forte majorité des valeurs choisies par les entreprises sont des valeurs de compétence (une entreprise pouvant choisir plusieurs valeurs de compétence dans son système de valeurs). Les valeurs dites sociales n'étant choisies qu'en minorité, se révèlent néanmoins en progression dans le nouvel *Index des Valeurs Corporate®* 2009.

Classement des entreprises françaises et internationales en fonction de leur nombre de salariés selon les familles de valeurs

Rang	Valeurs	+ de 5 000		1 000 à 5 000		- de 1 000	
		France	Interna-tional	France	Interna-tional	France	Interna-tional
1	Valeurs de compétence	28 %	31 %	31 %	37 %	28 %	39 %
2	Valeurs gagnantes	20 %	22 %	21 %	22 %	18 %	22 %
5	Valeurs sociétales	8 %	13 %	8 %	12 %	8 %	13 %
3	Valeurs de conduite	17 %	11 %	17 %	10 %	18 %	9 %
4	Valeurs relationnelles	12 %	9 %	13 %	8 %	13 %	7 %
6	Valeurs morales	9 %	7 %	6 %	6 %	7 %	5 %
7	Valeurs d'épanouissement	3 %	4 %	2 %	3 %	5 %	3 %
8	Valeurs sociales	3 %	3 %	2 %	2 %	3 %	2 %
Total valeurs		100 %	100 %	100 %	100 %	100 %	100 %

Les valeurs de compétence orientées sur la qualité et la satisfaction client sont davantage revendiquées par les entreprises de moins de 1 000 salariés alors que les plus grosses entreprises revendiquent plus de valeurs morales et sociales. Par ailleurs, 28 % des entreprises de plus de 5 000 personnes présentent l'innovation (valeur gagnante) comme valeur contre 36 % des entreprises de 1 000 à 5 000 personnes et 29 % des entreprises de moins de 1 000 personnes.

**Classement des sociétés de type national et international
selon les familles de valeurs**

Rang	Valeurs	Entreprises de type national		Entreprises de type international	
		En France	À l'international	En France	À l'international
1	Valeurs de compétence	28 %	38 %	30 %	33 %
2	Valeurs gagnantes	18 %	21 %	21 %	23 %
3	Valeurs de conduite	17 %	13 %	17 %	13 %
4	Valeurs relationnelles	14 %	9 %	12 %	11 %
5	Valeurs sociétales	10 %	8 %	6 %	8 %
6	Valeurs morales	6 %	3 %	9 %	3 %
7	Valeurs d'épanouissement	4 %	5 %	3 %	7 %
8	Valeurs sociales	3 %	3 %	2 %	2 %
	Total valeurs	100 %	100 %	100 %	100 %

Le statut plus ou moins local de l'entreprise est également une variable non négligeable. Les sociétés multinationales retiennent, par exemple, davantage de valeurs morales que les autres sociétés. Dans les sociétés françaises centrées sur le marché intérieur, comparées aux moyennes des sociétés de même type à l'international, les valeurs de conduite et les valeurs relationnelles sont privilégiées, ce qui n'est pas le cas des valeurs gagnantes.

On trouve des similitudes dans la comparaison entre sociétés cotées et non cotées avec les grandes et moyennes entreprises, les valeurs morales étant davantage retenues dans les sociétés cotées et les valeurs de compétence dans les sociétés non cotées (cf. *Index International des Valeurs Corporate*® 2006)

Cartographie des familles de valeurs à l'international

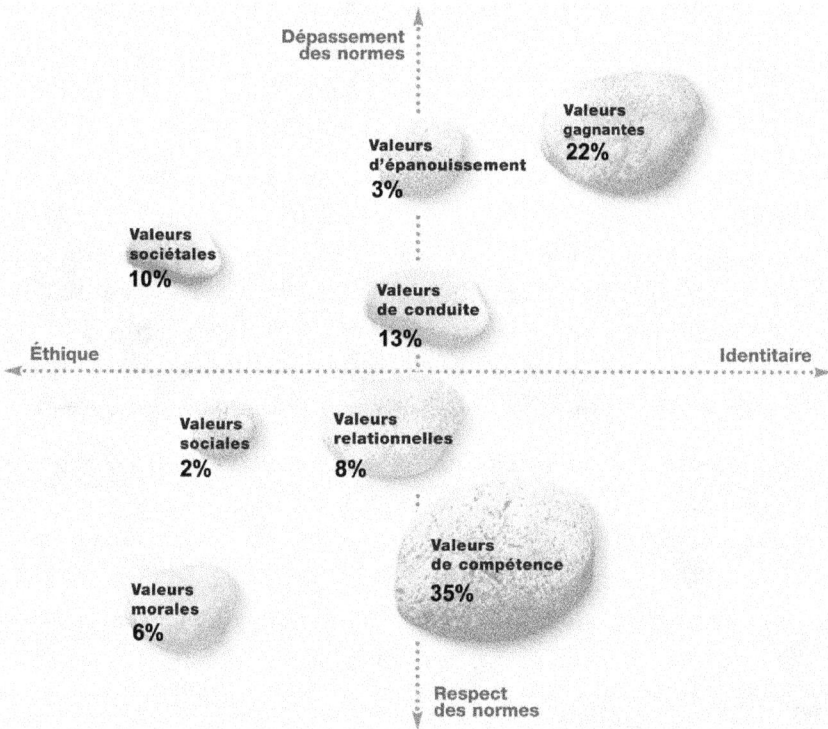

Dépassement
des normes

Valeurs
gagnantes
22%

Valeurs
d'épanouissement
3%

Valeurs
sociétales
10%

Valeurs
de conduite
13%

Éthique   Identitaire

Valeurs
sociales
2%

Valeurs
relationnelles
8%

Valeurs
de compétence
35%

Valeurs
morales
6%

Respect
des normes

Comme en 2006, les valeurs les plus nombreuses sont les valeurs de compétence (35 % des valeurs émises) ; nous en avons constaté en moyenne 1,7 par entreprise, soit un peu moins qu'en 2006.

- **Les valeurs de compétence** sont très représentées sur les valeurs classées les premières (qualité, satisfaction client, savoir-faire). Sur les 30 premières valeurs, on en compte 11 mais comparativement à 2006, elles sont moins présentes.
  Si elles sont bien sûr très représentées dans tous les secteurs, elles sont particulièrement fortes dans les secteurs suivants : cosmétiques, énergie/chimie, agroalimentaire/boissons.

- Les **valeurs gagnantes** représentent 22 % des valeurs expri-mées. En moyenne, chaque entreprise en compte une. Leur présence reste à peu près stable par rapport à 2006. Elles sont cependant un peu moins représentées sur les valeurs classées en premier (6 sur 30 : innovation, succès, performance, compétitivité, ambition, esprit d'entreprise).

Elles sont fortes dans les secteurs suivants : médias/communication, hôtellerie/tourisme, distribution/commerce.

- Les **valeurs de conduite** représentent 13 % des valeurs exprimées. Légèrement en croissance en 2009, elles sont, en revanche, peu présentes parmi les premières valeurs. Seules la responsabilité et la tradition font partie des 30 premières valeurs. On en compte en moyenne 0,6 par entreprise.

  On les retrouve plus particulièrement dans les secteurs suivants : agroalimentaire/boissons, santé/pharmacie, luxe/mode.

- Les **valeurs sociétales** qui représentent 10 % des valeurs exprimées sont des valeurs montantes qui continuent de progresser (9 % en 2006). Elles entérinent la reconnaissance croissante de la place de la société dans le fonctionnement de l'entreprise. D'ailleurs, 4 valeurs font partie des 30 premières valeurs : l'environnement, la responsabilité sociale, le développement durable, la santé.

  On les trouve plus particulièrement dans les secteurs suivants : transports/BTP, nouvelles technologies/électronique, énergie/chimie.

- Les **valeurs relationnelles** représentent 8 % des valeurs exprimées et sont également en progression en 2009. Ainsi 3 valeurs sont-elles présentes sur les 30 premières : le respect, la confiance et la communication.

  Elles sont plus particulièrement représentées dans les secteurs suivants : services B to B, services B to C, banque/finance. Inversement et logiquement, elles sont peu présentes dans le secteur agroalimentaire/boissons.

- Les **valeurs morales**, qui représentent 6 % des valeurs exprimées, semblent légèrement en recul en 2009 par rapport à 2006 mais leur présence varie selon les pays et les secteurs d'activité. On ne relève qu'un petit nombre d'expressions différentes (2 valeurs sur les 30 premières) : l'intégrité (3e position) et l'éthique. Elles sont présentes, en moyenne, dans 1 entreprise sur 3.

Ces valeurs sont plus particulièrement représentées dans les secteurs suivants : nouvelles technologies/électronique, services B to B, banque/finance.

- Les **valeurs d'épanouissement** ne représentent que 3 % des valeurs exprimées, mais elles sont très légèrement en progression en 2009. Deux valeurs se retrouvent dans le classement des 30 premières valeurs : l'humanisme et l'implication.

  Ces valeurs d'épanouissement sont plus présentes dans les secteurs suivants : services B to C, agroalimentaire/boissons, hôtellerie/tourisme, luxe/mode.

- Enfin, si les **valeurs sociales** ne représentent que 2 % des valeurs exprimées, elles sont en très légère croissance en 2009. Non présentes dans les 30 premières valeurs, la première valeur est le pluralisme (39e position), la deuxième valeur est l'équité (40e position).

  On en trouve dans 1 entreprise sur 10 mais ces valeurs sont un peu plus présentes dans les secteurs suivants : services B to B, santé/pharmacie.

Chapitre 5

Les valeurs retenues
par les entreprises françaises

L'*Index International des Valeurs Corporate*® 2009

2003-2009 : une évolution quantitative et qualitative de l'*Index*

Le premier *Index des Valeurs Corporate*® entrepris en 2003 avait d'emblée confirmé l'existence chez un grand nombre d'entreprises d'une confusion entre la vision «identitaire», et la vision «éthique» des valeurs. Le deuxième *Index*, en 2004, a permis de réaliser une photographie à la fois plus complète et plus précise, avec une segmentation selon les grands secteurs d'activité. Une étude qualitative auprès de 60 entreprises avait également permis de mieux cerner les mécanismes de formalisation et de déploiement utilisés par les entreprises. L'édition 2006 de l'*Index des Valeurs Corporate*® portant sur 12 pays, avait, pour sa part, fourni le premier travail au niveau international sur les valeurs.

Réalisée auprès d'environ 4 000 entreprises, la nouvelle édition de l'*Index International des Valeurs Corporate*® 2009 met en évidence la nouvelle physionomie des valeurs des entreprises, en dégageant les spécificités des 11 pays étudiés, parmi lesquels, bien entendu, les spécificités des entreprises françaises.

Le top 10 des valeurs françaises 2009

Rang	Valeurs	%
1	innovation	30
2	esprit d'équipe	25,3
3	intégrité	25,1
4	respect	24,9
5	responsabilité	23,1
6	satisfaction client	21,7
7	qualité	21,5
8	partage	18,6
9	excellence	12,8
10	proximité	11,5

L'innovation est la première valeur sélectionnée par les entreprises françaises. Cette édition 2009 permet donc de **confirmer l'innovation à la tête des valeurs identifiées**. En revanche, on constate que les valeurs esprit entrepreneurial, environnement, professionnalisme ont, par rapport à 2006, disparu du top 10 des entreprises françaises, au profit des valeurs partage, excellence, proximité.

Les entreprises françaises insistent plus sur des valeurs renvoyant à des notions de groupe ou de corps. L'esprit d'équipe est ainsi classé en 2e position, l'intégrité en 3e position, la valeur partage en 8e position.

Les valeurs davantage mises en avant par les entreprises françaises

Valeurs	Classement France	Classement international	Famille
responsabilité	5^e	9^e	de conduite
esprit d'équipe	2^e	10^e	de compétence
respect	4^e	11^e	relationnelle
performance	13^e	19^e	gagnantes
esprit d'entreprise	15^e	27^e	gagnante

On note que la qualité, globalement classée en 1re position et 1re valeur de 6 pays, n'est en France qu'en 7e position (en 6e position en 2006).

Les entreprises françaises sont moins marquées par la progression des valeurs de société ; ainsi, la valeur environnement n'est-elle qu'en 16e position au niveau français (5e au niveau international) et la valeur responsabilité sociale qu'en 33e position (6e au niveau international).

Les valeurs de conduite et les valeurs relationnelles sont, comme en 2006, davantage revendiquées en France. Comme à l'international, ce sont les valeurs de compétence qui sont en tête (mais avec tout de même 6 points d'écart au regard de la moyenne internationale).

Les valeurs moins souvent retenues par les entreprises françaises

Valeurs	Classement France	Classement international	Famille
qualité	7e	1re	de compétence
satisfaction client	6e	3e	de compétence
environnement	16e	5e	sociétale
responsabilité sociale	33e	6e	sociétale
succès	28e	7e	gagnante
international	44e	15e	de compétence
service	42e	17e	de compétence
tradition	49e	21e	de conduite
développement durable	40e	24e	sociétale
implication de l'équipe	47e	25e	de conduite

On note dans ce dernier tableau que les valeurs sociétales ne sont pas aussi bien classées en France qu'à l'international.

Parmi les nombreux tris effectués, deux classements font également ment ressortir des différences par taille d'entreprise (entreprises de moins de 1000 salariés, de 1000 à 5000 et de plus de 5000) et par grands secteurs d'activité.

Les 14 secteurs d'activité identifiés

Les domaines d'activité des entreprises ont été regroupés en 14 secteurs :

• Banque/Finance/Assurance	• Hôtellerie/Tourisme/Loisirs
• Agroalimentaire/Boissons	• Santé/Pharmacie
• Cosmétiques	• Nouvelles Technologies/Électronique
• Médias/Communication/Édition	• Industrie lourde/Industrie légère
• Énergie/Chimie	• Distribution/Commerce
• Services aux entreprises (B to B)	• Services aux particuliers/Services publics (B to C)
• Transports/Construction/Immobilier	• Mode/Luxe

Clairement, certains secteurs sont plus émetteurs de valeurs en moyenne que d'autres : les secteurs de la banque (5,2 valeurs), des transports, de l'immobilier (5,3 valeurs), de l'énergie (5,1 valeurs), de l'industrie (5 valeurs) sont plus émetteurs de valeurs que les secteurs de la mode et du luxe (4,6 valeurs) ou des cosmétiques (4,6 valeurs).

Ces secteurs sont vus plus en détail au chapitre suivant (chapitre 6).

FOCUS SUR LES 10 PREMIÈRES VALEURS FRANÇAISES

Innovation

• *Valeurs associées :* amélioration constante, encouragement de la créativité, technologies de pointe, recherche et développement.

C'est la première valeur affichée par les entreprises. Il s'agit d'une valeur essentiellement identitaire réaffirmant l'insertion de l'entreprise dans la modernité : l'affirmation d'une volonté de réaliser des «améliorations constantes» et de faire preuve d'une démarche de «pionnier».

Cette valeur veut exprimer un leadership dans son domaine de compétence. Il est question de recherche, de sens, d'esprit, d'impératif ou de passion pour l'innovation.

Si en 2006 la valeur innovation se trouve en priorité dans le secteur des nouvelles technologies, elle passe en tête en 2009 dans le secteur santé/pharmacie, est en 2e position dans le secteur des nouvelles technologies et en 3e position dans le secteur des cosmétiques et de l'industrie. Inversement, elle est moins présente dans le secteur distribution/commerce et services B to B. Elle est dans le top 10 de tous les secteurs d'activité.

Selon Alain Rey[1], l'innovation renvoie à une notion de création, de changement et a pour contraire l'archaïsme, l'immobilisme, la routine, la tradition. Ce qui n'empêche pas l'entreprise agroalimentaire Stalaven de proclamer : «Chez nous, innover est une tradition ! [...] Nous proposons tous les ans plus de 100 nouveaux produits pour le plus grand plaisir des gastronomes.»

Le laboratoire pharmaceutique Janssen-Cilag décrit comme suit l'innovation sur son site Internet : «Janssen-Cilag axe son développement dans des domaines thérapeutiques hautement spécialisés qui répondent à des enjeux majeurs en santé.» Mais le laboratoire va plus loin : «Janssen-Cilag vise la prise en charge globale des maladies par un travail pluridisciplinaire. Pour assurer celle-ci, il crée, développe et supporte des actions, des services et des programmes. À l'écoute de l'ensemble des acteurs de santé, médecins, personnel soignant, patients, société civile… nos équipes œuvrent pour répondre à leurs attentes en visant la santé de tous.» Innovation, écoute et partage des connaissances constituent les valeurs clés de Janssen-Cilag.

Toujours dans le secteur de la santé, le laboratoire Merial affiche l'innovation au cœur de ses valeurs, et précise : «L'histoire de Merial est jalonnée d'innovations révolutionnaires. Nous proposons

---

1. Linguiste et lexicographe français.

des produits de haute technologie soutenus par notre programme de recherche et développement. Notre réseau international avec les universités, les centres de recherche et laboratoires indépendants nous permet de mettre au point des solutions innovantes à la fois pour les animaux de production et les animaux de compagnie.»

De son côté, le laboratoire Baxter décrit l'innovation comme «une volonté de rester à la pointe du progrès en investissant largement en recherche et développement […] un engagement dans les soixante-quinze ans à venir à accélérer ses investissements afin de fournir de nouveaux produits et thérapies aux générations futures.»

Du côté du secteur des nouvelles technologies, l'innovation est définie comme un état d'esprit. Sony Ericsson s'adresse ainsi à ses employés : «Si vous avez un esprit innovant, que vous êtes réactif aux besoins de nos clients et passionné de succès, vous possédez déjà les valeurs qui donnent le ton à la culture de notre entreprise et nous poussent à l'excellence.» Alcatel Lucent annonce sur son site *Innovation* : «Nous sommes intuitifs, curieux, inventifs, pratiques et audacieux, ce qui nous permet d'être en mesure de proposer de nouvelles solutions pour nos clients du monde entier.»

Esprit d'équipe

* *Valeurs associées :* être en groupe, cohésion, coopération, bon travail d'équipe, personnel soudé.

Cette valeur, également présente dans le top 10 de tous les secteurs d'activité, est bien représentée dans les secteurs du luxe/mode, de la distribution/commerce et des nouvelles technologies, mais ces derniers ne sont pas les seuls à retenir cette valeur.

Chez Ineum Consulting, société de conseil en stratégie, organisation et systèmes d'information : «Nous veillons à développer un esprit d'équipe permettant de créer des synergies et de la valeur entre nos consultants et vos équipes dans le cadre de démarches collaboratives.»

Dans sa charte éthique, Dassault Aviation parle aussi d'esprit d'équipe : «L'homme est au cœur de notre Groupe. Nous développons l'esprit d'équipe, le partage des connaissances et du savoir-faire, l'initiative créatrice et le respect de l'éthique.»

De son côté, Redcats Group, groupe international de distribution de mode et décoration parle de «Partager une vision stratégique, rassembler autour d'objectifs communs, développer un esprit d'équipe».

Pour le groupe Idex, expert en sources d'énergie, l'esprit d'équipe c'est «faciliter l'entraide et la communication dans la confiance réciproque.»

Intégrité

* *Valeurs associées :* conformité avec la loi et les réglementations, légalité, transparence.

Le regroupement de valeurs sous cette valeur pilote est en 3ᵉ position. On trouve d'ailleurs assez fréquemment deux ou trois de ces mots associés dans les valeurs d'une même entreprise. Elles sont particulièrement représentées dans les secteurs pharmaceutiques, et de l'industrie. Elles sont moins présentes dans les secteurs B to C, le transport et le luxe/mode.

Avec pour opposé la malhonnêteté ou la corruption, l'intégrité témoigne de l'attachement pérenne des entreprises pour les valeurs à plus fort caractère «éthique», notamment celles qui renvoient au comportement de leurs collaborateurs.

Chez Bombardier, la multinationale spécialisée dans la construction de matériels de transports : «Les valeurs fondamentales (intégrité, engagement envers l'excellence, orientation client, importance des actionnaires) constituent le ciment qui unit tous nos employés ; peu importent leur culture, leur langue et leur profession. Elles reflètent les qualités essentielles qui ont fait de notre entreprise ce qu'elle est aujourd'hui. L'adhésion de nos employés à ces valeurs permet de nous assurer que tout geste posé aura une incidence positive.»

Imerys, le leader mondial de la valorisation des minéraux, exige un comportement responsable : «L'intégrité, l'honnêteté et la responsabilité sont les trois valeurs qui nous guident. Nous reconnaissons que de nombreux projets de développement passionnants comportent des zones de risque et d'incertitudes. Chez Imerys, nous osons relever ces défis car nous demandons à nos collaborateurs de toujours se comporter avec un niveau élevé d'exigence et d'éthique dans les affaires. Le respect des lois et des législations en vigueur est un prérequis.»

Chez Deloitte, le cabinet d'audit et de conseil : «L'intégrité, la valeur exceptionnelle pour nos marchés et nos clients, l'engagement mutuel, la force de la diversité culturelle : telles sont nos valeurs communes. [...] L'intégrité est une qualité fondamentale de tous nos professionnels. Elle se manifeste quotidiennement dans leurs relations.»

Respect

- *Valeurs associées :* respect des engagements, respect des droits de l'homme, respect de l'autre.

Cette valeur, qui a fait son entrée en 2006 au top 10 des valeurs françaises, est passée à la 4e place en 2009. Valeur relationnelle par essence, le respect témoigne de la volonté des entreprises d'exprimer l'attention croissante portée à leur environnement, interne comme externe.

Si elle est particulièrement présente dans les secteurs de la santé/pharmacie et des services B to B, elle est quasiment absente du secteur banque/finance. Elle est peu présente dans le secteur des nouvelles technologies, et le secteur agroalimentaire/boissons.

Chez Yves Rocher, on reste attaché à l'esprit du fondateur du groupe éponyme : «Le Groupe Yves Rocher, c'est avant tout un ensemble d'hommes et de femmes unis autour d'une ambition commune avec des valeurs en partage [...] Au cœur de notre ambition, le respect de nos engagements.»

Allevard Rejna, spécialiste des autosuspensions pour le secteur B to B, se veut plus légaliste, mais néanmoins plus respectueux des différences : «Respecter scrupuleusement, dans les actions de tous les jours, les législations nationales et les conventions collectives en vigueur dans l'ensemble des pays où nous sommes présents ainsi que nos accords collectifs qui vont, dans certains domaines, au-delà des législations locales. Développer des valeurs de management commun sur la base d'outils et de moyens de communication modernes, dans le respect des cultures de chaque pays et activités.»

Responsabilité

* *Valeurs associées :* autoresponsabilisation, main-d'œuvre responsabilisée, responsabilité du personnel.

Cette valeur s'affiche le plus souvent dans les entreprises de deux façons :

– soit pour permettre aux entreprises d'évoquer leur responsabilité vis-à-vis de la société, de l'environnement, voire de leurs actionnaires ;

– soit dans un sens plus interne, pour développer le «sens des responsabilités», un «esprit de responsabilité» chez les collaborateurs, ou pour «partager les responsabilités».

Particulièrement représentée dans les secteurs B to B et nouvelles technologies/électronique, cette valeur est peu présente dans le secteur du luxe/mode. Elle est classée en 5e position dans le top 30 des valeurs par secteur d'activité.

Le Groupe Électricité de Strasbourg, qui a pour ambition de développer un modèle régional innovant au service de son environnement, «s'engage dans une politique de responsabilité ancrée dans le territoire. Dans ce domaine, l'entreprise intervient à trois niveaux : la lutte contre le handicap et l'exclusion physique, la lutte contre l'exclusion sociale et économique, le droit à l'électricité pour tous».

De son côté Colas, leader mondial de la construction de routes, indique que ses «principes s'appuient sur des valeurs fortes (le sens de l'initiative, la responsabilité, la confiance, le respect, l'exemplarité, l'humilité) qui dessinent le profil des talents de

Colas et forgent l'identité du Groupe, prenant tout leur sens dans le cadre de son organisation décentralisée. [...] La responsabilité : chacun assume la responsabilité de ses décisions et de ses actes».

Les entreprises dont l'action a un impact direct sur l'environnement sont conscientes que leur action doit être réfléchie et mesurée. Veolia Environnement définit ainsi la responsabilité qui est la sienne : «Être conscient de l'impact de nos actions au quotidien sur l'amélioration des conditions de vie des populations et ne jamais oublier la dimension sociale et sociétale de notre métier, de manière à l'exercer dans un esprit de bien commun général.»

Satisfaction client

* *Valeurs associées* : les formulations peuvent être assez diverses, on parle de satisfaction ou de service, mais aussi d'esprit ou de culture client, d'orientation ou de sens du client, de respect du client, de valorisation, voire de passion du client.

Dans l'*Index 2006*, la satisfaction client s'est révélée être une valeur montante dans les entreprises françaises. En 5e position des valeurs d'entreprise en 2004, elle est en 3e position en 2006. En 2009, la satisfaction client passe en 6e position. Elle est très présente dans les secteurs des nouvelles technologies et de l'industrie. On la retrouve moins souvent dans les secteurs du transport ou des cosmétiques.

Fraikin, leader de la location multiservices de véhicules industriels, consacre une page Web à l'explication de ses valeurs, en s'adressant directement à ses clients : «Vous êtes notre première valeur, car c'est grâce à vous que nous sommes leader en Europe dans notre métier. Nos 230 pôles service en Europe nous permettent d'être proches de vous et de vos besoins. Une culture du service partagée par tous. Votre satisfaction, à vous clients, exige de nous un engagement constant et sans compromis vis-à-vis de la qualité, de l'innovation et de l'efficacité du service. Ceci implique non seulement la parfaite conformité de nos services à vos exigences actuelles, mais aussi, la volonté de devancer vos besoins futurs.»

Eurovia, le concepteur de routes, annonce : «C'est selon une culture d'entreprise dynamique, bâtie sur des valeurs fortes (responsabilité, esprit d'équipe, innovation, satisfaction client) que l'ensemble des collaborateurs contribuent à la mise en œuvre de la politique d'Eurovia. […] Satisfaction client : être à l'écoute de nos clients, respecter nos engagements contractuels, gagner la confiance de nos clients.»

Si la satisfaction client est, de fait, une valeur fréquemment retenue par les entreprises, cette expression pose néanmoins question. En quoi la satisfaction client est-elle une valeur en soi ? Imagine-t-on une entreprise peu préoccupée par ses clients ? En quoi cette valeur peut-elle prétendre s'adresser à tous les publics de l'entreprise ?

Qualité

* *Valeurs associées :* engagement à la plus haute qualité de service, garantie, noblesse des matériaux, précision, fiabilité.

Dans le top 10 de 11 secteurs sur 14 en 2006, cette valeur passe au 7e rang en 2009, avec une forte présence dans les secteurs agroalimentaire/boissons et luxe/mode.

Chez Yoplait, on «s'attache à fournir au consommateur un produit de grande qualité. Comprendre ses besoins, anticiper ses attentes constituent un axe prioritaire pour réaliser des produits répondant aux attentes d'équilibre, de santé, de bien-être, adaptées à la consommation quotidienne. […] Yoplait place au cœur de la conception de ses produits le rapprochement entre les qualités gustatives et les caractéristiques nutritionnelles. La recherche d'indicateurs de la qualité organoleptique est aussi un enjeu essentiel pour Yoplait. Les équipes qualité mettent au point des méthodes pour procéder aux analyses physico-chimiques et sensorielles pour tester et faire évoluer les saveurs, les textures ou les arômes».

Dans une interview, le président de Cogedim, le spécialiste de l'immobilier, parle de la valeur qualité en ces termes : «"Créateur Immobilier", c'est bien plus qu'une signature publicitaire pour

Cogedim. C'est une démarche de progrès qui concerne toutes les activités de l'entreprise. C'est une conception responsable de notre métier et de notre rôle dans la société. C'est un engagement qui traduit notre conception du métier autour des valeurs de créativité, d'innovation, de personnalisation et de haute qualité. C'est comme un contrat de service entre Cogedim, ses clients et ses partenaires.»

Partage

- *Valeurs associées :* solidarité, collaboration, transmission des compétences, générosité, travail d'équipe, partage des connaissances.

Au 8e rang, le partage se positionne très bien dans les entreprises du secteur B to B, banque/finance, mais est moins cité dans les entreprises du secteur des cosmétiques ou du luxe. Cette valeur est néanmoins bien présente dans les entreprises françaises.

Chez Avis Immobilier, réseau français d'agences immobilières : «Le partage, c'est ce qui fait la force d'un réseau ; c'est la capacité de ses membres à pouvoir échanger et s'enrichir mutuellement. C'est pourquoi Avis Immobilier encourage les occasions de dialogue et de partage d'expériences.»

Pour Prisma presse, le partage concerne autant les «plaisirs et émotions» que des informations «offrant des contenus fiables et distrayants» et «à la portée de tous».

Cegedim, groupe spécialisé dans les technologies et services liés à l'informatique médicale à l'usage des professionnels de santé, considère le partage des expériences comme un des éléments indispensables à la poursuite de leur développement : «Nos équipes à taille humaine facilitent la communication, la transmission des compétences et le partage d'expériences, éléments indispensables à la poursuite de notre développement.»

Excellence

Avec pour opposé la médiocrité, cette valeur était absente du top 10 en 2006. Elle fait son apparition en 2009, au 9e rang, avec une forte présence dans le secteur du luxe/mode. Elle n'est pas présente dans le secteur banque/finance.

Bernard Arnault, président de Dior Finance, annonce à ses salariés, en période de crise : «Un autre point me semble essentiel à mettre en exergue : nous sommes restés résolument cohérents avec la stratégie de valeur et la vision à long terme qui animent notre Groupe. Nous avons mis à profit cette période de fortes turbulences, pour rappeler nos fondamentaux, notre héritage d'excellence, les valeurs de créativité et de durabilité incarnées par les marques du Groupe.»

Pour LVMH, «les sociétés du groupe représentent l'univers de l'artisanat en ce qu'il a de plus noble et de plus abouti : une Maison comme Louis Vuitton en est, depuis sa création, l'exemple le plus emblématique. Elles portent donc une attention minutieuse aux détails et à la perfection de leurs produits, qui incarnent une tradition de qualité irréprochable».

Pour Altran Est, le spécialiste du conseil en innovation : «L'excellence c'est la clé de voûte de nos valeurs. Elle se traduit par une maîtrise technologique, méthodologique et organisationnelle des métiers dans lesquels nous intervenons. Les certifications de nos consultants (CMMI, Six Sigma…), les méthodologies déployées (SP@RK, TRIZ…) sont les garants de cette excellence.»

Proximité

La proximité est également une nouvelle valeur apparue au top 10 en 2009, notamment dans les secteurs banque/finance et transports/BTP. En revanche, cette valeur n'est pas ou très peu reconnue dans le secteur énergie/chimie.

Pour le cabinet KFR Conseil spécialisé dans le domaine de l'assurance, il est important d'«instaurer une culture de proximité entre nos équipes et celles de nos clients».

Le Groupe de protection sociale Malakoff Médéric retient 4 valeurs qui guident sa «politique» : l'indépendance, la solidarité, l'innovation et la proximité. «Être proche de vous, c'est vous servir au quotidien, vous écouter, vous aider à maintenir un lien social fort. […] Malakoff Médéric est un groupe d'institutions dont l'objectif est d'être toujours plus proches de vos besoins, plus proches de vous.»

LES 81 VALEURS PILOTES FRANÇAISES

Rang	Valeur	Nombre	%
1	innovation	148	30
2	esprit d'équipe	125	25,3
3	intégrité	124	25,1
4	respect	123	24,9
5	responsabilité	114	23,1
6	satisfaction client	107	21,7
7	qualité	106	21,5
8	partage	92	18,6
9	excellence	63	12,8
10	proximité	57	11,5
11	savoir-faire	56	11,3
12	confiance	54	10,9
13	performance	53	10,7
14	professionnalisme	51	10,3
15	esprit d'entreprise	45	9,1
16	humanisme	43	8,7
17	environnement	43	8,7
18	éthique	39	7,9
19	enthousiasme	36	7,3
20	inventivité	35	7,1
21	passion	33	6,7
22	ambition	31	6,3
23	prévention	31	6,3
24	liberté	31	6,3
25	esprit combatif	31	6,3
26	compétitivité	29	5,9

27	ouverture	28	5,7
28	succès	27	5,5
29	rapidité	26	5,3
30	exigence	26	5,3
31	simplicité	25	5,1
32	anticipation	24	4,9
33	responsabilité sociale	22	4,5
34	convivialité	22	4,5
35	adaptabilité	21	4,3
36	initiative	21	4,3
37	création de valeurs	20	4,0
38	disponibilité	19	3,8
39	pluralisme	18	3,6
40	équité	16	3,2
41	communication	16	3,2
42	développement durable	16	3,2
43	efficacité	15	3,0
44	loyauté	15	3,0
45	service	15	3,0
46	international	15	3,0
47	implication des équipes	13	2,6
48	tradition	12	2,4
49	développement personnel	12	2,4
50	management	11	2,2
51	modernité	8	1,6
52	égalité	8	1,6
53	partenariat	8	1,6
54	plaisir	8	1,6
55	courage	7	1,4
56	clairvoyance	7	1,4
57	pérennité	7	1,4

58	esthétisme	7	1,4
59	régionalisation	7	1,4
60	talent	6	1,2
61	considération	6	1,2
62	différenciation	6	1,2
63	croissance	5	1,0
64	attractivité	5	1,0
65	santé	5	1,0
66	intégration	4	0,8
67	accessibilité	4	0,8
68	humilité	4	0,8
69	organisation	4	0,8
70	sélection	3	0,6
71	authenticité	3	0,6
72	mutualité	3	0,6
73	réputation	3	0,6
74	spécialisation	3	0,6
75	participation	3	0,6
76	sensibilité	2	0,4
77	individualité	2	0,4
78	détermination	2	0,4
79	patriotisme	1	0,2
80	exclusivité	1	0,2
81	fierté	1	0,2

Chapitre 6

Les valeurs retenues à l'international

L'APPROCHE DES VALEURS DANS UNE ENTREPRISE INTERNATIONALE

Cette complexité peut s'expliquer par plusieurs facteurs : le vocabulaire, la culture et donc l'attitude au regard des valeurs.

- Le vocabulaire, parce que si l'interprétation d'un mot peut déjà être très différente d'un individu à un autre, ce même mot se traduira de différentes manières dans les différents langages. Pour donner un exemple, devra-t-on traduire en français la valeur «*commitment*» par «engagement» ou par «implication» ? Si la définition du sens à donner à une valeur nous paraît pour maintes raisons nécessaire, elle devient incontournable pour une entreprise internationale.

- Les différentes cultures, qu'il s'agisse de pays voisins ou de différents continents, demandent aussi de la subtilité. Ce qui revient, au niveau de l'entreprise, à parler de patience et de temps, c'est-à-dire, à un moment ou à un autre, d'investissement. Cet aspect, s'il est déjà bien connu dans le domaine du marketing, a été également appréhendé dans la dimension éthique des valeurs, comme l'ont souligné Barmeyer et Davoine[1].

---

1. Christoph I. Barmeyer et Éric Davoine, «Chartes de valeur et culture(s) de l'entreprise internationale : les limites du transfert de valeurs globales aux filiales locales», conférence non publiée.

- L'attitude vis-à-vis des valeurs peut, dans ce contexte, se révéler très différente d'un pays à un autre. En France, il révèle doute, méfiance, si ce n'est défiance. Globalement, nous avons tendance à penser (hélas pas toujours à tort) que si une entreprise affiche des valeurs, c'est qu'elle n'en a pas vraiment. *A contrario*, dans la culture nord-américaine, les valeurs doivent s'afficher. Outre-Atlantique, une entreprise qui n'afficherait pas de valeurs serait supposée ne pas en avoir. Il convient donc de trouver le juste médian avec ce qu'il faut de rigueur dans la démarche, mais aussi de souplesse pour permettre à l'entreprise de s'adapter aux spécificités locales.

REPRÉSENTATION DES VALEURS SUR DIFFÉRENTS CONTINENTS

Les entreprises multinationales comme les entreprises officiant à l'international trouveront sans doute une aide utile dans les propos de Marc Guillaume, qui décrit 3 zones géographiques avec chacune leur culture et leur vision de l'entreprise dont nous reproduisons ici l'essentiel :

La «plaque nord-américaine»

«La société américaine s'est construite sur une logique entrepreneuriale. Elle fonctionne, à la différence des sociétés européennes et asiatiques, comme une entreprise. Les schémas de pensée et les valeurs des Américains sont immédiatement liés aux formes de capitalisme moderne les plus avancées.

C'est parce que les États-Unis n'ont pas d'histoire prémoderne et qu'ils se sont construits sur de puissants mythes entrepreneuriaux (la conquête de l'Ouest en est emblématique) qu'il n'y a pas de distinction entre la fonctionnalité de l'entreprise et ce qui constitue les valeurs, la culture, la conscience collective de la société américaine.»

L'«aire asiatique»

«[...] Le processus de modernisation du Japon et de la Chine est très tardif : fin du XIXᵉ siècle pour le Japon, seconde moitié du XXᵉ siècle pour la Chine. Il ne repose pas sur la remise en cause des fondements de leur civilisation mais sur un système de compatibilité entre la culture du groupe social de base et les modalités du système fonctionnel.

[…] Ce système de greffe permet une formidable réactivité. On ne garde que ce qui marche. […] L'outil demeure déconnecté de la culture de cette aire géographique.

L'enracinement culturel des Japonais et des Chinois leur assure une formidable puissance identitaire, combinée à une instrumentalisation de l'organisation moderne. Le Japon, bien que son territoire ne soit habité qu'à 19 %, et qu'il ne possède aucune matière première, est la deuxième puissance économique du monde et l'industrie japonaise devance largement l'américaine en termes de compétitivité et de création de valeur.»

L'«aire européenne»

«[…] Ce qui nous différencie des Américains et nous rapproche des Asiatiques est que nous nous sommes construits sur une très longue histoire prémoderne. De sorte que nous ne sommes que partiellement le produit de la modernité. […]

En ce qui concerne les entreprises européennes, il faut qu'elles prennent conscience qu'elles font partie d'un monde, le modèle européen, qui a ses propres spécificités géoéconomiques. […] l'Europe est prise en tenaille entre deux puissants systèmes qui n'ont aucun complexe [la plaque nord-américaine et l'aire asiatique] […] et elle ne peut s'insérer positivement dans la mondialisation que si elle se recentre sur ce qui fait son identité.

L'Europe est engagée dans un système complexe et diversifié mais cette situation peut être un atout dans la mesure où elle peut lui permettre de reprendre le leadership de la modernité : son coefficient de complexité est peut-être mieux adapté aux conditions, également complexes, de notre époque.»

Cette pluralité des cultures avec chacune un rapport différent aux valeurs peut s'avérer problématique, non pas tant en raison de la diversité même que du sens à accorder à cette multiplicité, comme le remarque Matsuura Koïchiro : «L'un des premiers effets de la mondialisation n'est-il pas de révéler une pluralité de cultures et un pluralisme des valeurs dont auparavant nous ignorions tout ? [...] Il n'y a pas tant une crise des valeurs – nous n'en manquons pas – que crise du sens même des valeurs ; et de l'aptitude à se gouverner.»

L'*Index des Valeurs Corporate®*, dans la continuité de ces observations, a étudié en 2009 11 pays dont 9 pays européens : l'Allemagne, l'Autriche, l'Espagne, la France (voir «Focus sur les 10 premières valeurs françaises», chapitre 5), l'Italie, les Pays-Bas, la Pologne, le Royaume-Uni et l'Ukraine.

Deux pays non européens très représentatifs d'une autre culture des valeurs ont également été étudiés : les États-Unis et l'Inde.

Cet *Index International* a donc permis de mettre en évidence la physionomie des valeurs au niveau international, et de dégager les spécificités de chaque pays étudié.

Il est à noter qu'un focus réalisé dans cette étude a également permis de s'intéresser aux multinationales.

Ce baromètre souligne la plus grande variété des valeurs utilisées par les entreprises, comparativement à 2006. Si l'innovation et la qualité restent les deux principales valeurs des entreprises internationales, la montée en puissance des valeurs sociétales comme la responsabilité sociale et le développement durable est à souligner.

2009 : une meilleure répartition des valeurs

L'*Index* 2009 fait apparaître une meilleure répartition des valeurs utilisées par les entreprises, ce qui laisse penser qu'elles souhaitent défendre une meilleure identité au travers de leurs valeurs.

- **Une énonciation de valeurs d'entreprise plus importante aujourd'hui** : le contexte actuel de crise mondiale renforce une attente de «moralisation» du fonctionnement des entreprises. Cette attente, logiquement, apparaît dans l'énonciation des valeurs fondamentales de l'entreprise.

- **Une perméabilité des entreprises aux valeurs qui dépassent leur seule activité et leur seul marché** : ainsi, les valeurs sociétales, morales, de conduite, s'imposent au sein de la culture et des valeurs d'entreprise. Une entreprise se limitant aux seules valeurs de compétence ou gagnantes pourrait apparaître comme manquant d'ouverture et de sensibilité aux enjeux sociaux de son environnement.

- **Une baisse d'influence des valeurs gagnantes, ou plutôt une association de plus en plus généralisée des valeurs gagnantes aux valeurs sociétales** : les valeurs gagnantes semblent être aujourd'hui «tempérées» ou «orientées» par des guides de valeurs permettant de donner des indications sur le type de société vers lequel tend l'entreprise.

LES 40 PREMIÈRES VALEURS PILOTES À L'INTERNATIONAL

Rang	Valeurs	Effectifs	%
1	qualité	1 479	39,7 %
2	innovation	1 446	38,8 %
3	satisfaction client	951	25,5 %
4	intégrité	715	19,2 %
5	environnement	655	17,6 %
6	responsabilité sociale	641	17,2 %
7	succès	610	16,4 %
8	savoir-faire	601	16,1 %
9	responsabilité	569	15,3 %
10	esprit d'équipe	481	12,9 %
11	respect	420	11,3 %
12	compétitivité	363	9,7 %
13	excellence	355	9,5 %
14	professionnalisme	348	9,3 %

15	international	340	9,1 %
16	confiance	335	9,0 %
17	service	320	8,6 %
18	éthique	319	8,6 %
19	performance	313	8,4 %
20	humanisme	306	8,2 %
21	tradition	289	7,8 %
22	ambition	273	7,3 %
23	création de valeur	261	7,0 %
24	développement durable	235	6,3 %
25	implication du personnel	229	6,1 %
26	communication	221	5,9 %
27	esprit entrepreneurial	207	5,6 %
28	efficacité	205	5,5 %
29	prévention	205	5,5 %
30	santé	201	5,4 %
31	croissance	195	5,3 %
32	adaptation	185	5,0 %
33	enthousiasme	184	4,9 %
34	développement personnel	180	4,8 %
35	anticipation	168	4,5 %
36	partenariat	162	4,3 %
37	inventivité	154	4,1 %
38	passion	154	4,1 %
39	modernité	151	4,1 %
40	proximité	136	3,7 %

FOCUS SUR LES 11 PREMIÈRES VALEURS PILOTES À L'INTERNATIONAL

Rang	Valeurs	Effectifs	%	
1	qualité	1 479	39,7	DOMINANTES
2	innovation	1 446	38,8	
3	satisfaction client	951	25,5	MAJEURES
4	intégrité	715	19,2	
5	environnement	655	17,6	
6	responsabilité sociale	641	17,2	
7	succès	610	16,4	
8	savoir-faire	601	16,1	
9	responsabilité	569	15,3	FORTES
10	esprit d'équipe	481	12,9	
11	respect	420	11,3	

Les 5 premières valeurs de ce classement restent inchangées entre 2006 et 2009. Seule la satisfaction client, bien qu'elle soit toujours en 3e position, perd du terrain en 2009 par rapport aux deux premières valeurs. Au niveau français, c'est aussi une tendance remarquable puisque cette valeur est passée de la 3e à la 6e position.

Autre évolution notable en 2009 : le respect disparaît du top 10 des entreprises internationales, au profit de la responsabilité.

Deux valeurs dominantes : Qualité – Innovation

Comme en 2006, la qualité et l'innovation sont les deux premières valeurs choisies par les entreprises au niveau international. On retrouve ces valeurs dominantes dans les 5 premières valeurs de presque tous les pays :

• la qualité est particulièrement forte en Autriche, en Allemagne, en Ukraine ;

- l'innovation est très présente dans tous les pays, spécialement au Royaume-Uni (1re valeur), en Inde, aux Pays-Bas.

En revanche,

- la qualité n'est qu'en 6e position auprès des multinationales, loin derrière des valeurs plus relationnelles ;
- la qualité est également en 6e position en France, là encore après des valeurs où l'humain est prépondérant.

Exemples d'expressions regroupées

Qualité	engagement à la meilleure qualité de service/garantie/noblesse des matériaux/précision/fiabilité
Innovation	développement de produit permanent/amélioration constante/techniques avancées/encouragement de la créativité/à la pointe de la technologie/ recherche et développement/science et technologie/esprit novateur, productif, marketing, méthodique

Six valeurs majeures : Satisfaction client – Intégrité – Environnement – Responsabilité sociale – Succès – Savoir-faire

Six valeurs obtiennent des taux de citation de 15 % à 30 %. Par rapport à 2006, la valeur d'esprit d'équipe ne fait plus partie des valeurs majeures, à l'inverse des valeurs de responsabilité sociale et de succès qui en font désormais partie.

- La **satisfaction client** est toujours bien placée dans tous les pays (à l'exception de l'Espagne et de l'Italie).
- L'**intégrité** est (d'assez loin) la première valeur de notre panel de multinationales. Elle est également très bien placée en France et au Royaume-Uni.
- L'**environnement** est bien placé en Autriche et en Espagne.
- La **responsabilité sociale** qui obtenait déjà des scores importants en Allemagne et aux Pays-Bas continue de progresser dans ces pays ce qui permet de la retrouver dans ce groupe de tête.
- Le **succès** est une valeur très forte en Ukraine (2e position) ; la progression de cette valeur est d'ailleurs en grande partie due à la présence de l'Ukraine dans ce classement.

* Le **savoir-faire** est bien placé en Ukraine (4ᵉ position), aux États-Unis, en Autriche, en Allemagne.

Exemples d'expressions regroupées

Satisfaction client	orientation client/focus client/meilleur service client/prise en charge client/priorité client/enthousiasme client/plaisir client/attention client/satisfaire les besoins du client/écoute client/servir le client est notre but premier/joie du client/valoriser ses clients
Intégrité	se conformer aux lois et règles/honnêteté/légalité/transparence/ loyauté
Environnement	proximité avec la nature/écologie/recyclage/respecter et protéger la planète/produits écologiques/respect des matériaux bruts
Responsabilité sociale	engagement social/responsabilité sociétale/citoyenneté/sponsor culturel/citoyenneté d'entreprise/politique sociale/projets sociaux/ service communautaire/engagement envers la société
Succès	diriger/mener au succès/récompense/place de meneur/leader marché/succès économique/entreprise leader/réussite/s'engager dans le succès/développement à succès
Savoir-faire	expérience/compétence/expertise/connaissance/capacité/ personnel compétent/talents/savoir-faire professionnel/apprendre/ personnel qualifié/employés qualifiés/années d'expérience/société créée en 1939/expert/vastes compétences/connaissances professionnelles

Trois valeurs fortes : Responsabilité – Esprit d'équipe – Respect

Nous avons enfin distingué un 3ᵉ groupe de 3 valeurs (de la 9ᵉ à la 11ᵉ position) obtenant sur l'ensemble des 11 pays et des multinationales des taux de citation de 10 % à 15 %.

* La **responsabilité**, (qu'il est quelquefois délicat de distinguer de la responsabilité sociale), est bien placée en Allemagne, en France, en Espagne et dans le panel de multinationales.

* L'**esprit d'équipe** est bien placé dans le panel des multinationales et la 2ᵉ valeur en France.

* Le **respect** est la 2ᵉ valeur du panel de multinationales et 4ᵉ valeur en France.

Exemples d'expressions regroupées

Responsabilité	engagement/management responsable/fiabilité/responsabiliser/ sens des responsabilités/responsabilité du personnel/responsabilité individuelle/responsabilité d'entreprise/citoyenneté responsable
Esprit d'équipe	travail en équipe/esprit d'équipe/équipe/travailler ensemble/ orientation d'équipe/esprit de famille/échanger savoirs et partenariats/travailler ensemble/nous travaillons mieux ensemble/ construire une grande équipe/esprit collectif
Respect	respect pour les gens/respect mutuel/respect pour les individus/ respect pour les autres/confiance et respect mutuel/se conformer/ respect de la qualité, de la sécurité et de l'environnement/dignité des individus/respect des engagements/dialogue ouvert

LES FAMILLES DE VALEURS À L'INTERNATIONAL

Les pourcentages indiqués sont ceux des valeurs sélectionnées par entreprise dans les différentes familles de valeurs.

Allemagne

Valeurs	%
Valeurs de compétence	31
Valeurs gagnantes	16
Valeurs de conduite	17
Valeurs sociétales	16
Valeurs relationnelles	12
Valeurs d'épanouissement	3
Valeurs morales	3
Valeurs sociales	2

Au regard des moyennes à l'international, l'Allemagne se caracté-rise par :

- le poids important des valeurs de conduite, des valeurs rela-tionnelles et des valeurs sociétales ;
- le poids plus faible des valeurs gagnantes et des valeurs morales ;
- une chute significative des valeurs de compétence ;

- un nombre plutôt important de valeurs par entreprise.

On assiste en Allemagne à la régression de la culture profession-nelle au profit de la pénétration des valeurs de la société civile.

Autriche

Valeurs	%
Valeurs de compétence	36
Valeurs gagnantes	21
Valeurs sociétales	14
Valeurs de conduite	13
Valeurs relationnelles	6
Valeurs d'épanouissement	4
Valeurs morales	4
Valeurs sociales	2

Au regard des moyennes à l'international, l'Autriche se caractérise par :

- un profil de valeurs assez proche de celui de l'Allemagne ;
- la croissance des valeurs sociétales ;
- une chute des valeurs de compétence, bien qu'un peu moins importante qu'en Allemagne ;
- un nombre important de valeurs par entreprise.

Espagne

Valeurs	%
Valeurs de compétence	34
Valeurs gagnantes	21
Valeurs sociétales	19
Valeurs de conduite	11
Valeurs relationnelles	5
Valeurs morales	5
Valeurs sociales	4
Valeurs d'épanouissement	1

Au regard des moyennes à l'international, l'Espagne se caractérise par :

- un poids important des valeurs sociétales ;
- comparativement également, un poids important des valeurs sociales ;
- la faiblesse des valeurs d'épanouissement.

France

Valeurs	%
Valeurs de compétence	29
Valeurs gagnantes	20
Valeurs de conduite	17
Valeurs relationnelles	13
Valeurs sociétales	8
Valeurs morales	8
Valeurs d'épanouissement	3
Valeurs sociales	2

Au regard des moyennes à l'international, la France se caractérise par :

- le poids proportionnellement plutôt faible des valeurs de compétence ;
- le poids proportionnellement plutôt important des valeurs de conduite et relationnelles ;

Italie

Valeurs	%
Valeurs de compétence	35
Valeurs gagnantes	23
Valeurs de conduite	18
Valeurs relationnelles	10
Valeurs morales	5
Valeurs d'épanouissement	3
Valeurs sociétales	3
Valeurs sociales	3

Au regard des moyennes à l'international, l'Italie se caractérise par :

- un poids proportionnellement fort des valeurs de conduite ;
- un poids proportionnellement plutôt faible des valeurs sociétales ;
- un nombre moyen faible de valeurs par entreprise.

En Italie, la pénétration de la société civile au sein de la culture d'entreprise semble assez réduite.

Pays-Bas

Valeurs	%
Valeurs de compétence	35
Valeurs gagnantes	24
Valeurs sociétales	15
Valeurs de conduite	13
Valeurs morales	6
Valeurs relationnelles	5
Valeurs d'épanouissement	1
Valeurs sociales	1

Au regard des moyennes à l'international, les Pays-Bas se caractérisent par :

- le poids proportionnellement important des valeurs gagnantes et des valeurs sociétales (en croissance) ;
- une stabilité des valeurs de compétence ;
- le poids proportionnellement faible des valeurs d'épanouissement et des valeurs sociales.

Les valeurs des entreprises des Pays-Bas semblent bien en 2009 touchées par l'émergence des valeurs de la société civile au sein de l'entreprise.

Pologne

Valeurs	%
Valeurs de compétence	35
Valeurs gagnantes	18
Valeurs de conduite	14
Valeurs sociétales	10
Valeurs morales	10
Valeurs relationnelles	8
Valeurs sociales	3
Valeurs d'épanouissement	2

Au regard des moyennes à l'international, la Pologne se caractérise par :

- le maintien des valeurs de compétence à leur niveau de 2006 ;
- un poids proportionnellement important des valeurs morales ;
- un poids proportionnellement faible des valeurs gagnantes.

Le profil est assez en décalage par rapport aux autres pays européens. Les entreprises polonaises semblent, pour le moment, encore peu touchées par la pénétration des valeurs de la société civile.

Royaume-Uni

Valeurs	%
Valeurs de compétence	31
Valeurs gagnantes	25
Valeurs de conduite	11
Valeurs sociétales	11
Valeurs morales	8
Valeurs relationnelles	7
Valeurs d'épanouissement	4
Valeurs sociales	3

Au regard des moyennes à l'international, le Royaume-Uni se caractérise par :

* un poids proportionnellement important des valeurs sociales et des valeurs d'épanouissement ;
* un poids faible et stable des valeurs de compétence ;
* un poids en baisse des valeurs morales ;

Les valeurs d'entreprises du Royaume-Uni se caractérisent en 2009 par la progression des valeurs de réalisation individuelle.

Ukraine

Valeurs	%
Valeurs de compétence	42
Valeurs gagnantes	25
Valeurs de conduite	9
Valeurs sociétales	7
Valeurs relationnelles	7
Valeurs d'épanouissement	5
Valeurs morales	3
Valeurs sociales	2

Au regard des moyennes à l'international, l'Ukraine se caractérise par :

* un poids important des valeurs de compétence et des valeurs gagnantes ;
* un poids faible des valeurs de conduite, des valeurs morales et des valeurs sociales ;
* un nombre très important de valeurs par entreprise.

L'Ukraine, à l'inverse des autres pays d'Europe, mais comme la Pologne ne semble pas encore avoir été atteinte par la pénétration des valeurs de la société civile.

États-Unis

Valeurs	%
Valeurs de compétence	42
Valeurs gagnantes	25
Valeurs de conduite	11
Valeurs sociétales	8
Valeurs relationnelles	5
Valeurs morales	5
Valeurs d'épanouissement	3
Valeurs sociales	1

Au regard des moyennes à l'international, les États-Unis se caractérisent par :

- un poids proportionnellement toujours important des valeurs de compétence et des valeurs gagnantes ;
- un poids proportionnellement plus faible des valeurs sociales ;
- un nombre moyen assez faible de valeurs d'entreprise.

À l'inverse de la majorité des pays d'Europe, les États-Unis ne semblent pas avoir été touchés par la pénétration des valeurs de la société civile.

Inde

Valeurs	%
Valeurs de compétence	41
Valeurs gagnantes	22
Valeurs morales	12
Valeurs de conduite	9
Valeurs sociétales	5
Valeurs relationnelles	5
Valeurs d'épanouissement	3
Valeurs sociales	3

Au regard des moyennes à l'international, l'Inde se caractérise par :

- le poids proportionnellement important des valeurs de compétence et des valeurs sociales ;
- un poids proportionnellement plus faible des valeurs sociétales, des valeurs de conduite et des valeurs relationnelles.

La «culture» professionnelle semble toujours très présente en Inde, mais la codification des échanges et des interactions semble pour le moment assez faible.

Les grandes multinationales

Valeurs	%
Valeurs de compétence	26
Valeurs gagnantes	22
Valeurs de conduite	16
Valeurs morales	12
Valeurs relationnelles	11
Valeurs sociétales	7
Valeurs d'épanouissement	3
Valeurs sociales	3

Les entreprises multinationales se caractérisent par :

- un poids proportionnellement très faible des valeurs de compétence ;
- un poids proportionnellement important des valeurs de conduite et des valeurs relationnelles ;
- un poids relativement très important de valeurs morales.

LES VALEURS PILOTES DANS LES 14 SECTEURS D'ACTIVITÉ

- Comme en 2006, l'innovation, la satisfaction client, l'intégrité restent les grandes valeurs du secteur de la **banque** et de la **finance**. Le savoir-faire est une valeur en régression et l'intégrité a également fortement reculé. Mais c'est toujours l'un des secteurs les plus «gourmands» en valeurs.

- Comme en 2006, les **industries alimentaires** ont le score sur la valeur «qualité» le plus important de l'ensemble des secteurs d'activité. Il domine très largement et progresse encore dans l'*Index* 2009. Notons que la satisfaction client est en recul de 10 points et le savoir-faire est en 21e position (8e au global). En revanche, la responsabilité sociale est bien placée (5e position) ainsi que la tradition (6e position contre 21e au global).

- Dans le secteur des **cosmétiques**, l'innovation est la valeur dominante. Elle continue de progresser alors que bien d'autres valeurs sont en recul : c'est le cas de la qualité, du savoir-faire, de la satisfaction client et de l'intégrité. Notons que c'est le secteur qui fait les scores les plus bas sur la responsabilité sociale.

- Le secteur des **médias** et de la **communication** n'est pas un secteur où une valeur domine fortement. On constate une forte progression des valeurs de société et de conduite, cependant les plus fortes progressions concernent la responsabilité sociale, la responsabilité et l'environnement. Comme en 2006, l'international est également une valeur fortement valorisée.

- Le secteur de **l'énergie** et des **industries chimiques** est touché de façon importante par la montée des valeurs de société. L'environnement est en 2e position ; aucun autre secteur ne place l'environnement aussi haut. C'est également le plus fort score sectoriel constaté de la responsabilité.
  Ces croissances se sont faites au détriment notamment de la satisfaction client, ce qui fait penser que la qualité s'est aujourd'hui globalisée. La satisfaction client ne concerne plus le seul «client» mais l'environnement tout entier et les impacts sociaux du secteur.

- Le secteur des **services B to B** est également touché par la progression des valeurs de société et celle des valeurs morales. Les plus fortes progressions concernent la responsabilité, la responsabilité sociale, l'éthique.

- Dans le secteur des **transports,** de la **construction** et de l'**immobilier**, comme en 2006, la qualité, la satisfaction client et l'innovation sont toujours des valeurs dominantes, mais l'environnement est la 4e valeur et le développement durable vient l'appuyer en 15e position.

- Dans le secteur de l'**hôtellerie**, du **tourisme** et des **loisirs**, la satisfaction client reste toujours une valeur importante, mais il semble que l'impératif de différenciation soit en progression, ce que confirme la progression de la valeur succès. La qualité et l'innovation sont aujourd'hui les deux premières valeurs du secteur.

- Dans le secteur de la **santé** et de la **pharmacie**, comme en 2006, l'innovation est la valeur dominante du secteur ; c'est le score sectoriel le plus élevé obtenu sur l'innovation. La responsabilité sociale croît aussi fortement (c'est le sectoriel le plus élevé sur cette valeur) au détriment de la simple satisfaction client.

- Tout comme pour le secteur de l'énergie et des industries chimiques, le secteur des **nouvelles technologies** de l'information est touché de façon importante par la montée des valeurs de société. Il est frappant de constater à quel point ce secteur se «moralise». Toutes les valeurs qui sont en progression sont des valeurs morales, relationnelles, de conduite sociale, de société alors que dans le même temps les valeurs qui reculent sont des valeurs gagnantes et de compétence.
Ce secteur qui était marqué en 2006 par le poids des valeurs gagnantes entame sa révolution culturelle.

- Dans le secteur des **industries lourdes et légères**, la qualité a fortement progressé. Elle n'était qu'en 4e position en 2006, elle est aujourd'hui en 2e position. L'innovation qui était déjà en tête a continué de progresser. C'est un secteur qui semble moins touché par les valeurs de société et de conduite. Les progressions en 2009 continuent de concerner les valeurs de compétence et les valeurs gagnantes.

- Dans le secteur de la **distribution** et du **commerce**, la satisfaction client (2e valeur du secteur derrière la qualité) reste cependant le score sectoriel le plus important. L'innovation est, en revanche, au plus bas, comme en 2006. Mais l'esprit d'équipe, souvent en recul dans d'autres secteurs, continue d'être important (score sectoriel le plus élevé).

- Dans le secteur des **services B to C**, la satisfaction client (qui était en 2006 en 1re position) est en très net recul bien qu'elle reste en 3e position. Ce recul s'est effectué notamment au profit de la valeur service (score sectoriel le plus élevé). La responsabilité sociale est aussi en progression, mais on n'assiste pas dans ce secteur à une forte progression des valeurs de société et des valeurs morales.

- Enfin, avec en moyenne 4,6 valeurs par entreprise, le secteur du **luxe** et de la **mode** est, comme en 2006, le secteur qui «consomme» le moins de valeurs. C'est le secteur qui cite le plus souvent la qualité (derrière le secteur agroalimentaire) en tant que valeur ; elle est très dominante devant l'innovation. La satisfaction client (en 3e position en 2006) a reculé en 7e position.

En revanche, la tradition fait une remontée impressionnante ainsi que l'excellence. La pénétration dans les valeurs d'entreprises des valeurs de la société civile est une tendance qui touche assez peu le secteur du luxe et de la mode.

NOMBRE MOYEN DE VALEURS PAR PAYS

Pays	Nombre moyen de valeurs (nb de valeurs/nb d'entreprises)
Ukraine	8,6
Autriche	5,7
Allemagne	5,1
Inde	4,9
Royaume-Uni	4,7
France	**4,6**
Pologne	4,6
Espagne	4,5
Pays-Bas	4,5
États-Unis	3,3
Italie	2,5
Moyenne	**4,8**

On s'oriente vers une certaine normalisation du nombre de valeurs par entreprise, soit 3 à 5 valeurs pilotes.

Dans le cas des multinationales, le nombre moyen de valeurs s'élève à 5,2.

PARTIE 3

ENGAGER UNE DÉMARCHE VALEURS

Chapitre 7

Formaliser les valeurs
de son entreprise

Ce chapitre a pour vocation d'aider les entreprises qui veulent mettre en place une démarche valeurs, qu'elle fasse l'objet d'un processus complet ou plus succinct dans le cadre d'un plan de communication.

UN RAPIDE TOUR D'HORIZON DES PRATIQUES ACTUELLES[1]

Nos études ont mis à jour deux grands types de scénario de formalisation des valeurs : soit leur existence date de la création de l'entreprise (environ une entreprise sur quatre), soit leur formalisation est un fait relativement récent.

Lorsque les valeurs existent depuis la création de la société, exprimées en général par les fondateurs, elles imprègnent des entreprises à forte culture qui se sont constituées autour de mouvements d'idées ou qui en sont originaires. C'est le cas des entreprises issues des mouvements mutualistes ou coopératifs, les entreprises anciennes imprégnées d'un humanisme d'entreprise, porteur de traditions ouvrières régionales. Les valeurs, bien

---

1. Ce tour d'horizon est issu des études réalisées dans le cadre de l'*Index des Valeurs Corporate*®.

présentes, existent alors sous d'autres termes tels que préceptes, principes, etc. Leur particularité est d'être peu remises à jour, dans la mesure où elles n'expriment pas une volonté de l'entreprise ou la façon dont elles cherchent à se démarquer, mais des idéaux de fondation.

La formulation de valeurs est néanmoins le plus souvent une démarche récente, voire très récente pour une majorité d'entreprises. Il est à noter que la mise en place de valeurs, ou leur remise à jour, peut avoir été provoquée par une fusion ou des acquisitions, d'où une volonté de renforcer la cohésion des groupes autour d'axes clairement définis.

En marge de ces deux cas de figure, il faut citer le cas d'entreprises ayant «reformalisé» des principes anciens. Il y a alors souvent un décalage temporel important entre une première formalisation des valeurs, qui tiennent alors souvent à la seule personnalité du chef et/ou fondateur de l'entreprise, et une seconde, plus officielle, élaborée en collaboration avec l'ensemble des salariés.

Enfin, certaines entreprises peuvent avoir des valeurs, éventuellement exprimées sous une autre forme, sans que celles-ci soient formalisées ou aient fait l'objet d'une communication. Une entreprise de la grande distribution nous a confié : «En 1898, le fondateur en avait écrit les préceptes, mais c'est en 2002 que nos quatre valeurs ont été formalisées.»

Dans la majorité des cas, le processus de formalisation des valeurs dure de six mois à un an. La décision finale est quasiment toujours prise par le comité exécutif ou le comité de direction. La différence tient au processus de formalisation : les valeurs peuvent soit être entièrement construites par le comité exécutif, soit faire l'objet d'une participation des salariés à travers des groupes de travail ou à l'aide de consultants extérieurs. Comme indiqué précédemment, il est important de souligner que beaucoup de grosses entreprises créent des valeurs lors de leur fusion avec un autre groupe. Concernant les entreprises cotées au CAC 40, la nouvelle législation les obligeant à produire des rapports de développement durable a entraîné une multiplication de ces rapports. Certaines entreprises reconnaissent en privé que leur démarche valeurs résulte avant tout de cette nouvelle obligation.

Pour élaborer leurs valeurs, les études ont montré que les entreprises utilisent trois grandes façons de procéder :

Les entreprises qui élaborent leurs valeurs au travers d'un petit groupe de personnes

Les entreprises à culture forte ou ancienne ont souvent procédé de cette façon, considérant que les valeurs étaient connues et qu'il suffisait de les formaliser en petit groupe (en général, le comité de direction, moins d'une dizaine de personnes). Dans quelques cas, il est fait appel aux anciens ou à une personne chargée d'écrire les valeurs.

Les entreprises qui font travailler un comité de pilotage plus large

C'est la méthode la plus souvent adoptée avec de nombreuses variantes. Le comité de pilotage se réunit plusieurs fois et met en œuvre différents moyens : groupes de travail (ateliers, groupes d'échange) au niveau des collaborateurs, études internes sous forme de réunion de groupes ou d'entretiens, consultation partielle.

Pour les sociétés les plus importantes, le ou les groupes peuvent exister dans chaque région ou pays. Le comité de pilotage rend des propositions qui sont validées par le comité de direction (en moyenne entre 40 et 100 personnes participent à l'élaboration). Les groupes de travail institués ont pu soit être constitués de managers, soit intégrer des personnes à différents niveaux hiérarchiques de l'entreprise.

Les entreprises qui font de cette élaboration un véritable projet avec des consultations internes et parfois externes

Dans les groupes multinationaux, ce chantier a pu être mis en œuvre en même temps dans les différents pays (plusieurs centaines de personnes à l'ensemble des collaborateurs ont participé à l'élaboration). Deux exemples nous semblent représentatifs des démarches des grandes entreprises internationales :

«Le groupe a défini ses valeurs au sein d'un programme d'entreprise. Ce travail s'est déroulé à l'échelle mondiale. De par la présence du groupe dans plus de 140 pays, ce processus s'est fait de façon représentative pour tenir compte de tous les particularismes locaux. Dans chaque pays, un groupe représentatif de 40 personnes y a participé. Des études ont été réalisées en interne auprès de collaborateurs et en externe afin d'optimiser au maximum le choix de ces valeurs. Le but était de les rendre universelles. La décision finale a été prise par la direction générale, c'est le comité exécutif composé de 8 membres qui a décidé d'opter pour les valeurs retenues.»

«Des études externes ont été instaurées : concertation auprès des représentants de nos clients, auprès d'organismes tels que les chambres professionnelles. En interne, des ateliers ont été mis en place avec des employés de hiérarchies différentes. Ils étaient rassemblés soit par secteur d'activité, soit par domaine de compétences. Le but était de laisser les gens débattre autour des valeurs. Ces ateliers, animés par un cabinet de consultants extérieurs, nous ont permis de voir comment les salariés se représentaient ces valeurs soit vis-à-vis des clients, soit de la hiérarchie ou des collaborateurs. Après ces réunions, 15 valeurs sont ressorties. Nous n'en avons gardé que 5. Par ailleurs, nous avons fait une consultation électronique pour l'ensemble du personnel de l'entreprise et nous avons eu 2 500 réponses.»

Dans la totalité des entreprises, la décision finale concernant les valeurs est donc arrêtée par le comité de direction. Elles sont exprimées soit par un mot unique (confiance, intégrité, transparence, etc.), soit en complémentarité (intégrité et indépendance, respect de l'homme et de l'environnement, etc.).

Dans certaines formulations, on utilise des indicateurs de niveau ou d'intensité comme la passion : la passion d'entreprendre, la passion des hommes, etc. Sont également utilisés l'esprit, le sens, la recherche, la volonté, la culture… Une entreprise a notamment conjugué toutes ses valeurs autour du terme esprit : ouverture d'esprit, esprit d'entreprise, esprit d'équipe. Une autre a décliné ses valeurs autour d'une valeur unique, comme le respect : respect des clients, respect des hommes, respect de la personne, respect des engagements, respect de l'environnement...

De leur côté, certaines entreprises préfèrent, pour les «dynamiser», ajouter un verbe aux valeurs : être intègre, être au-devant, être à l'écoute, être transparent.

Enfin, ont été également utilisées des phrases complètes, mais on peut se demander s'il s'agit encore de valeurs :

- créer des solutions innovantes à forte valeur ajoutée ;
- compréhension des enjeux métiers ;
- concevoir les meilleurs produits.

La rédaction d'une phrase complète découle de la volonté d'éviter le flou ou les différences d'interprétation, comme dans cette entreprise de service :

> *«Nous avons volontairement voulu faire des phrases dans cette charte plutôt que mettre juste des mots. Cela nous semble en effet plus clair et pourra, nous l'espérons, éviter des confusions sur le sens des mots parmi nos collaborateurs.»*

On peut comprendre aisément le choix fait par ces entreprises en prenant l'exemple de la valeur qualité qui est utilisée dans les relations sociales de l'entreprise comme dans le process de réalisation du produit ou du service. Mais que deviennent ces valeurs pour l'externe ? Et s'agit-il encore de valeurs ? Nous préférons donc parler ici de principes d'action. Dans les relations sociales, il s'agit de qualité des relations, de la communication, du dialogue, du management. Dans le process de réalisation du produit, la qualité s'exprimera en direction du produit, du client, du service, du conseil...

Dans la formulation utilisée, d'autres entreprises qui «prennent le train en marche» cherchent à se démarquer dans une surenchère sur l'expression de la qualité. Ainsi elle peut être : «partagée», «haute», «irréprochable», «totale». Cette surenchère pourrait finalement être un indicateur d'usure de la valeur ; devenant à ce point assimilée au discours général, qu'il faudrait lourdement la qualifier pour en tirer un réel effet différenciateur...

IDENTIFIER LES VALEURS ÉLIGIBLES

Au préalable, rappelons que la démarche de formalisation vise à faire en sorte qu'au terme de la mise en place d'une méthodologie pertinente (audit de l'existant, études internes/externes, groupes de travail), l'entreprise ou l'institution dispose de valeurs fédérant les équipes dans un projet commun et les différents publics autour de l'entreprise.

Rappel des principales caractéristiques qui définissent une valeur

Une valeur est d'abord un mot

Une valeur est donc comme une capsule qui a besoin d'être emplie de sens, c'est-à-dire d'être expliquée pour exprimer une direction qui devra être partagée par des publics aux motivations sensiblement différentes.

Une valeur a un «champ d'application»

On peut être en dessous ou au-dessus. À titre d'exemple, pour une entreprise qui retiendra la valeur respect, il conviendra de définir ce qu'est de manquer de respect et ce qu'est d'en avoir trop. Dans l'entreprise, en dessous de quoi on n'a pas assez d'ambition ? Au-dessus de quoi on en aurait trop ? À quel moment l'ambition personnelle risquerait de trop prendre le pas sur l'ambition collective ?

Une valeur, lorsqu'elle est transgressée, doit pouvoir susciter l'indignation

Il est assez facile d'être d'accord avec une valeur. Elles sont dans l'entreprise, en très grande majorité, positives et cela ne facilite pas leur choix. Une façon de reconnaître s'il s'agit d'une valeur assez partagée consiste à imaginer son opposé ou son défaut d'existence dans l'entreprise. Le niveau d'indignation que pourrait provoquer son absence a de forte chance de correspondre à une réalité vécue de l'entreprise.

Une valeur doit être «universelle»

Rappelons que dans l'entreprise la dimension transversale induit qu'une valeur ne s'adresse pas exclusivement à ses clients ou à ses collaborateurs. Cela signifie qu'elle doit pouvoir s'adresser et s'appliquer à toutes ses parties prenantes : en interne, vis-à-vis de ses collaborateurs et des collaborateurs entre eux, mais aussi vis-à-vis de l'externe – des clients, des actionnaires, des fournisseurs, des publics relais, des prescripteurs, des associations militantes, de la presse, de la société civile… L'idée-force étant précisément de la traduire en principes d'action selon ces différents publics.

Une valeur doit se traduire en actes

Il faudra donc s'attacher à ce que les principes d'actions se transposent en actions concrètes. En ce sens, engager une démarche valeurs a nécessairement un coût, qu'il s'exprime en investissement ou en énergie déployée. Par exemple, si une entreprise choisit la valeur ambition, son action devra être effectivement ambitieuse… Ou ne pas être. Après avoir défini la valeur, son champ d'application et son principe d'action, l'entreprise devra donc savoir comment traduire l'ambition dans ses différents niveaux structurels et vis-à-vis de ses publics. En interne, en externe, dans sa production, sa démarche commerciale, ses ressources logistiques et, tout particulièrement, sa communication. Selon le schéma suivant :

Valeur ==> Principes d'action ==> Actions

Les 4 dimensions fondamentales d'un système de valeurs

Ceux qui auront la charge de formaliser les valeurs doivent garder à l'esprit quatre dimensions fondamentales qui devront porter à différents niveaux les valeurs retenues :

La dimension identitaire

Elle sous-tend la communication des entreprises et détermine des valeurs qui sont issues de l'identité de la firme, de son métier, de son savoir-faire, voire de sa ou ses marques et de son image.

La dimension éthique

Elle tend à guider les collaborateurs dans la conduite des affaires et à éclairer l'entreprise elle-même, en particulier sur son rôle social et/ou sociétal.

La dimension de reflet

Elle cherche à ce que les valeurs soient descriptives d'une certaine réalité de l'entreprise telle qu'elle peut être vécue par les collaborateurs et les différents publics.

La dimension de projet

Parce que les valeurs sont également destinées à accompagner l'entreprise telle qu'elle se projette dans l'avenir, les valeurs en ce sens devront l'aider, d'une manière ou d'une autre, à se «réaliser».

Choisir des valeurs

Choisir des valeurs, c'est choisir des valeurs pilotes, en nombre restreint, qui seront limitées en nombre, mais fédératrices de l'ensemble des valeurs de l'entreprise. Le choix de ces valeurs détermine les priorités que se donne l'entreprise et orientera le sens de son action.

Définir des valeurs, c'est définir un système des valeurs que l'on retient pour exprimer des priorités qui permettent à la fois de donner des repères et de fédérer de façon finalement assez pragmatique ce que l'on appelle couramment la culture d'entreprise dans ce qu'elle est et ce qu'elle souhaite devenir. Un système de valeurs ne pourra se formaliser qu'à partir d'un travail suffisamment profond pour être adapté et accompagner l'entreprise – ou l'institution – qui se lance dans cette approche. Par ailleurs, dans ce système, les valeurs s'éclairent les unes par rapport aux autres. La couleur du mot «ambition» vue plus haut sera nuancée par la valeur «intégrité» d'une autre façon que dans le cas de la valeur «solidarité».

Si la valeur ne devait posséder ne serait-ce qu'une fonction, cela serait d'abord le lien entre l'individuel et le collectif. Adopter un système de valeurs c'est adhérer à des fondamentaux. Ceci est d'autant plus significatif au sein de l'entreprise car il ne s'agit pas de se fondre dans une culture ou de s'inféoder à un style. Il s'agit de relier entre elles toutes les individualités avec leur personnalité et leur style propres pour les rendre compatibles dans un système cohérent. Un groupe se révèle d'autant plus riche qu'il accepte et intègre la diversité de ce qui le compose. Aussi, loin de tendre à brider l'individuel dans ses aspirations et ses formes d'expression, les valeurs entendent-elles fédérer les divers éléments de l'entreprise autour de ses fondamentaux. C'est le système de valeurs qui doit faire de l'ensemble hétérogène un tout fonctionnel et harmonieux. Parce qu'un ensemble de valeurs s'organise en système et que c'est de ce système que découle l'homogénéité finale de l'organisation.

LES GRANDES ÉTAPES DE LA FORMALISATION DES VALEURS

Qu'il s'agisse d'une démarche longue visant à associer tout ou partie de l'entreprise ou d'une démarche plus courte ayant une visée plus identitaire, formaliser les valeurs de l'entreprise est une démarche qui, néanmoins, ne peut être élaborée qu'à partir d'un travail suffisamment approfondi pour apporter des résultats tangibles en fin de démarche. C'est dire qu'il faudrait y passer le temps nécessaire de compréhension de l'entreprise, tant dans la façon dont l'entreprise se conçoit elle-même ou veut apparaître (sa communication) que dans ses usages et comportements (son éthique au quotidien), que dans la façon dont elle se projette dans l'avenir. C'est d'ailleurs pour cette dernière raison que nous parlons davantage de formalisation que d'identification, puisque le système de valeurs en définitive retenu ne peut correspondre en effet que partiellement à une réalité datée de l'entreprise.

Une première approche de l'entreprise, avant d'entreprendre les différentes étapes de la formalisation, consistera à considérer ses fondamentaux d'organisation pour s'assurer que les parties essentielles de son organisation soient analysées dans la démarche. À titre d'exemple, une entreprise industrielle est notoirement organisée d'une manière différente d'une entreprise de services ; une grande entreprise internationale subit des contraintes différentes purement locales. Cette appréhension de l'entreprise dans ses différentes dimensions doit conduire à apprécier ses trois grands niveaux structurels :

- son offre, qu'il s'agisse de produit ou de service : c'est-à-dire ce qui est supporté par son marketing ;
- son expertise (ou son savoir-faire) : ce pourquoi cette entreprise existe et ce qu'elle peut avoir d'unique. Dit autrement, ce qui manquerait au marché si elle n'existait pas ;
- sa dimension institutionnelle : c'est-à-dire son existence physique, ses ressources humaines, ses actionnaires...

Ces dimensions étant clairement appréhendées, la démarche entreprise pourra se développer en 8 étapes.

Les 8 étapes d'une démarche valeurs

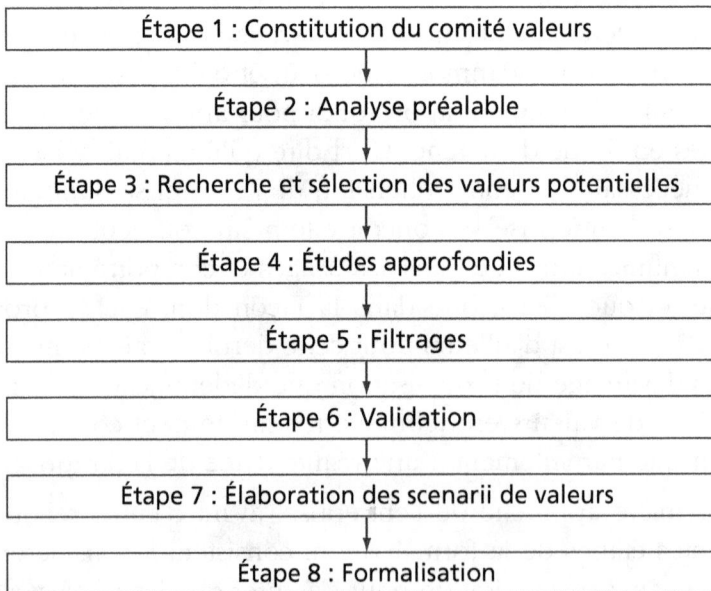

Étape 1 : Constitution du comité valeurs
Étape 2 : Analyse préalable
Étape 3 : Recherche et sélection des valeurs potentielles
Étape 4 : Études approfondies
Étape 5 : Filtrages
Étape 6 : Validation
Étape 7 : Élaboration des scenarii de valeurs
Étape 8 : Formalisation

Étape 1 : Constitution du comité valeurs[1]

Ce comité valeurs est en fait le comité de pilotage de la démarche. Dans l'idéal, il n'est composé de guère plus de 5 collaborateurs de l'entreprise qui représenteront les grands départements fonctionnels et structurels de l'entreprise : par exemple, direction des ressources humaines, direction industrielle, direction marketing, direction financière, direction générale, et sera accompagné par une équipe de consultants externes. L'accompagnement d'intervenants externes nous semble indispensable pour qu'il soit conservé un regard neutre dans l'ensemble de la démarche, et que les valeurs puissent être à même de fédérer l'ensemble des dimensions de l'entreprise afin que ne soit pas privilégiée une approche sur une autre. Le comité de pilotage valide la démarche étape par étape jusqu'à la formalisation des valeurs.

Étape 2 : Analyse préalable

Cette étape désigne l'analyse des différents documents de l'entreprise qui peuvent présenter une utilité dans la définition des valeurs : rapport annuel, plaquettes commerciales, site Internet, Intranet, campagnes de publicité, sondages internes et externes et, bien sûr, s'ils existent, code de déontologie, charte éthique et tout document assimilable à un code de conduite. Ces documents devront être complétés d'un benchmark des entreprises directement concurrentes et, plus globalement, du secteur économique concerné.

Étape 3 : Recherche et sélection des valeurs potentielles

Il s'agit d'une part d'un ensemble d'entretiens individuels avec les membres du comité de pilotage, voire d'un certain nombre de collaborateurs qui présenteront un intérêt soit en tant que managers, soit de par leur grande connaissance de l'entreprise (il pourra s'agir notamment de collaborateurs présents de longue date dans l'entreprise). Ces entretiens enrichis de l'analyse

---

1. Merci à Catherine Maurey pour l'extrait de son séminaire en méthodologie consacré à «L'éthique et la stratégie d'entreprise» à partir duquel nous avons élaboré notre propre démarche.

préalable devront permettre de présenter un nombre relativement important de valeurs éligibles (par exemple 30 ou 40 valeurs) qui feront l'objet d'une première sélection dans le cadre du travail du comité valeurs par l'identification des dimensions :

- identitaires ;
- éthiques ;
- de reflet ;
- de projection ;
- de «transversalité».

À ce niveau, on pourra utilement s'aider de la cartographie des 8 familles de valeurs (voir chapitre 5). Toute la difficulté sera, compte tenu des 4 pôles proposés et des différentes familles de valeurs, de limiter leur nombre, sachant que 4 à 5 valeurs devraient, en tout état de cause, constituer un maximum (moyenne toutes entreprises confondues) ; 3 valeurs, d'ailleurs, composent une formule optimale pour permettre leur mémorisation par ses collaborateurs. Il s'agit donc, pour chaque entreprise, de définir ses priorités, c'est-à-dire les valeurs qui lui semblent les plus fédératrices, et de construire autour d'elles son propre système de valeurs avant de les traduire en principes d'action qui lui seront spécifiques.

Étape 4 : Études approfondies

Considérant que les ressources allouées et les objectifs d'une démarche valeurs peuvent être très différents d'une entreprise à une autre, c'est à ce niveau que l'on pourra ajuster la démarche pour la rendre plus ou moins complète. *A minima*, il s'agira de rencontrer un certain nombre d'observateurs externes[1] et de représentants des salariés dans le cadre d'entretiens semi-directifs au cours desquels, bien au-delà des questions sur les simples valeurs, seront abordés des sujets tels que le perçu général de l'entreprise (les portraits

---

1. L'agence Wellcom propose une étude auprès de ce que nous avons appelé les observateurs experts : par ce terme, nous désignons des observateurs du marché qui, parce qu'ils disposent d'une bonne connaissance de l'entreprise mais aussi de son environnement, sont à même d'en formuler une vision qui sera particulièrement précieuse dans l'élaboration d'un scénario valeurs.

chinois apportent ici une aide précieuse), la vision de son environnement, le perçu de la mission que se donne l'entreprise (sur son
marché, dans la société en général) et de ses ambitions.

Ces entretiens peuvent donner lieu à des réunions de groupe, des
tables rondes, qui seront le plus souvent très participatives.
Rappelons à ce sujet que les valeurs, au croisement de l'individuel
et du collectif, sont un «lieu géométrique» de tensions entre l'individuel en regard du collectif et le collectif nourri de la singularité
individuelle. Ces tensions en constituent la dynamique. Entrer
dans le monde des valeurs, c'est être capable d'affronter les
tensions que ne manque pas d'induire le sujet des valeurs.

Étape 5 : Filtrages

Cette étape verra le concours actif du comité valeurs pour sélec-
tionner une liste de valeurs éligibles selon différents filtres (identitaire, éthique, reflet, projet, dimension transversale) et en
projetant les premières traductions concrètes des valeurs. Au
cours de cette étape, en intégrant la dimension éthique et plus
précisément déontologique des valeurs, il conviendra également
d'analyser les différents documents relevant du secteur professionnel et de rencontrer la direction juridique ou le conseil juridique de l'entreprise.

Étape 6 : Validation

Cette étape, également plus ou moins approfondie selon les
ressources disponibles, devra permettre d'identifier parmi les
valeurs éligibles celles qui présentent les meilleures potentialités
pour être retenues comme valeurs pilotes. Ce travail, qui peut être
limité au niveau du comité valeurs, peut être complété par des
études internes soit sous forme d'entretiens semi-directifs soit de
façon plus quantitative en utilisant essentiellement l'outil Internet
selon le type d'entreprise concernée.

Étape 7 : Élaboration des scenarii de valeurs

Comme nous l'avons souligné, une valeur ne prend pas la même
couleur en fonction des valeurs qui lui sont associées ; le travail
du comité valeurs accompagné de ses consultants permettra

d'élaborer des scenarii, c'est-à-dire différentes associations qui constitueront autant de systèmes différents de valeurs. C'est à ce niveau qu'il peut se révéler intéressant d'intégrer un paramètre mnémotechnique permettant une meilleure mémorisation interne du système de valeurs. À titre d'exemple, une division fonctionnelle d'un service public a pu retenir «OSE» pour ouverture, solidarité et engagement. Une autre entreprise industrielle, PCM (voir p. 71), a retenu «ERE» pour les valeurs engagement, respect et environnement.

Ce sont les scenarii (à titre d'exemple pas plus de 2 ou 3 scenarii) qui seront présentés pour validation au management de l'entreprise.

Étape 8 : Formalisation

Au préalable, rappelons que la formalisation des valeurs reste un acte de management. C'est naturellement à la direction que reviennent la décision finale sur les valeurs et la validation de leur formalisation, c'est-à-dire le texte qui accompagnera les valeurs pour en donner le sens propre à chaque entreprise.

Une fois les valeurs retenues, l'étape suivante consistera à mieux cerner le champ de chacune des valeurs pilotes en lui associant les autres valeurs déterminées et en éclairant leur signification. Cet éclairage pourra aller jusqu'à la définition du sens à donner à chaque valeur en direction des différentes parties prenantes.

Un exemple de système de valeurs

Voici un exemple d'un système de valeurs proche de celui utilisé par une grande entreprise de services présente à l'international.

Ambition – Confiance – Talent : ACT

Dans un premier temps, la démarche a permis de formaliser et d'établir la définition des valeurs. Trois valeurs pilotes ont en définitive été retenues : l'ambition (valeur gagnante), la confiance (valeur relationnelle) et le talent (valeur d'épanouissement). Trois valeurs qui forment «ACT», qui sonne également comme un mot d'ordre de mobilisation de l'entreprise.

La définition des valeurs est mise ensuite en relation avec les différentes parties prenantes. Les principes d'action en ont découlé.

1) ACT intègre des dimensions existantes de l'entreprise (confiance, talent) et un projet (ambition). Il définit, en ce sens, à la fois une réalité et une vision.

2) L'expression qui vise à donner une dynamique (ACTion) à une entreprise peut être perçue, tant à l'externe qu'à l'interne, comme souffrant d'une certaine inertie vis-à-vis de son champ concurrentiel.

ACT est formalisé par le code génétique de l'entreprise :

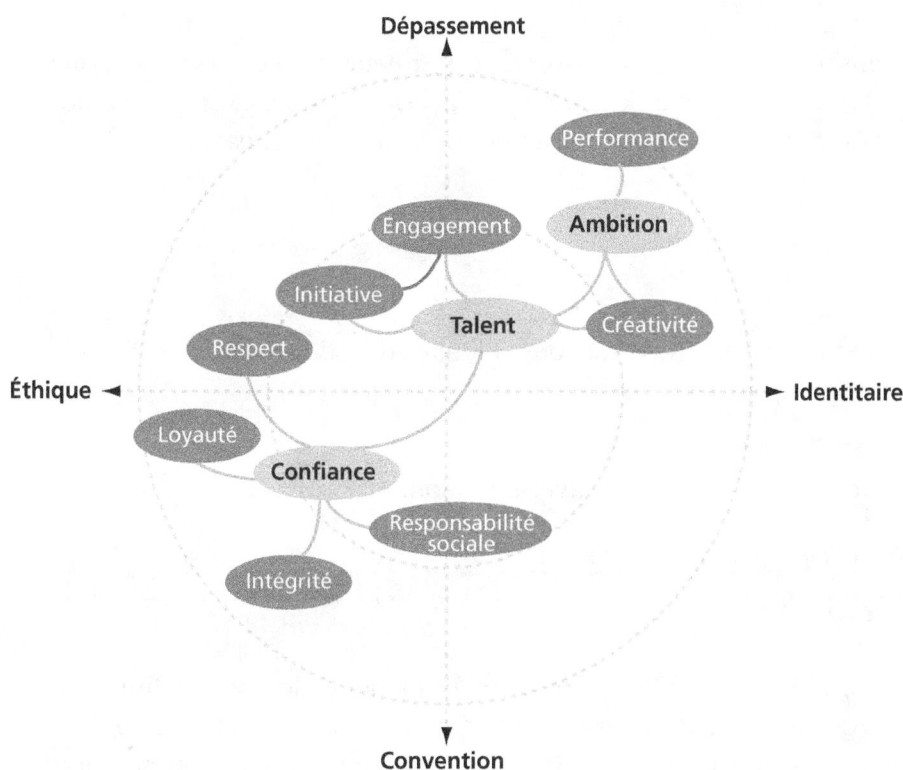

Les 3 valeurs choisies, ambition, confiance, talent, au centre du code génétique de l'entreprise sont cohérentes et diffèrent totalement par leur étymologie ce qui, du même coup, confère une originalité à leur trio et rend attentif aux valeurs associées et curieux des messages qui suivront. Toutes les 3 sont liées à l'histoire de l'entreprise et peuvent facilement s'ancrer dans son évolution culturelle. L'ambition, la confiance et le talent sont des valeurs représentatives du projet : l'ambition parle d'avenir, tout comme la confiance liée à l'espérance et le talent qui dépend du travail accompli par les hommes et les femmes de l'entreprise.

Fédération de valeurs associées et de principes d'action

Les valeurs trouvent leur légitimité, et donc leur contribution à la performance de l'entreprise, dans la mesure où elles se déclinent en principes d'action clairs. ACT est un système qui fédère un ensemble de valeurs associées permettant une mise en place rapide et concrète de principes d'action. À titre d'exemple, l'ambition recouvre les autres valeurs : performance, engagement, initiative, etc.

Ambition

1) Définition lexicale

Désir ardent d'obtenir des biens qui peuvent flatter l'amour propre, pouvoirs, honneur.

Réussite sociale.

Désir, souhait quant à l'avenir personnel.

2) Définition critique

On peut rapprocher de l'ambition le verbe réussir et la valeur réussite.

On peut reprocher à l'ambition le manque de chaleur humaine. C'est une valeur qui, de ce point de vue, peut sembler froide. On la retrouve sans doute dans une expression comme «réussir à tout prix», qui peut signifier que même en faisant mal on peut réussir, les ambitieux s'en vantent d'ailleurs.

Pourtant, l'ambition est une valeur qui porte les grands projets et les mène à leur réussite. Si sur le plan personnel, l'ambitieux manque de sentiment, dans le monde de l'entreprise l'ambition est un ferment qui soude les projets d'équipe.

De ce qui ressort, on peut dire que l'ambition est une valeur collective adaptée à une entreprise qui partage une culture commune forte. Dans ce cas, la valeur ambition distingue cette entreprise de ses concurrents pour lesquels elle n'éprouve aucun sentiment (hormis le respect, bien entendu).

3) Définition retenue par l'entreprise
Vouloir offrir et exiger le meilleur.

Se dépasser pour devenir la référence.

Rechercher l'excellence.

Faire partager une dynamique de réussite qui s'inscrit dans la durée.

L'exigence du dépassement.

«Best of class».

4) Valeurs associées
Performance et engagement mais aussi : fierté, centration client, réactivité, exigence.

5) Principes d'action selon les différentes parties prenantes
Les clients :

- toujours mieux satisfaire ;
- établir de nouveaux standards de qualité ;
- innover régulièrement sur les produits ;
- rechercher l'amélioration permanente ;
- être exemplaire.

Les collaborateurs :

- entretenir la fierté d'appartenance ;
- élever le niveau de compétence ;
- donner envie de se dépasser.

Confiance

1) Définition lexicale

Espérance ferme, assurance de celui qui se fie à quelqu'un ou à quelque chose (créance, foi, sécurité).

Sentiment qui fait que l'on se fie à soi-même : assurance.

Sentiment de sécurité dans le public.

Antonyme : défiance, méfiance, anxiété, crainte, doute, suspicion.

2) Définition critique

On peut rapprocher de la confiance les verbes espérer et croire, et les valeurs assurance et espérance. On peut reprocher à la confiance sa banalité car faisant partie du langage usuel. On peut lui reprocher également une légère connotation religieuse (la question de la foi) avec des expressions comme «croire les yeux fermés», «ne pas lui donner le Bon Dieu sans confession», etc.

Pourtant, la confiance est le pilier de la réputation d'une entreprise. C'est à partir de la confiance que vont se décliner la plupart des relations humaines, y compris dans le monde de l'entreprise : l'amitié notamment, la capacité d'intégration, etc.

La confiance implique la relation réciproque à l'autre. C'est la valeur phare de toute vie harmonieuse en collectivité. Se sentir en sécurité dans son entreprise, savoir que l'on peut se confier (personnes, biens, etc.) à sa compagnie d'assurances, être certain que les intérêts seront défendus relève de la confiance réciproque. Mais alors, il faut que la réputation de l'entreprise ne souffre d'aucune faille.

3) Définition retenue par l'entreprise

Le respect des engagements et la fiabilité dans la durée.

Sur la transparence s'érige la confiance.

Des relations pérennes et solides.

Fixer les règles du jeu et respecter les engagements.

La valeur client par excellence.

«Trust = reliability».

4) Valeurs associées

Respect, intégrité, loyauté, cohésion, solidarité, équité, éthique, proximité, responsabilité sociale et développement durable.

5) Principes d'action selon les différentes parties prenantes

Les clients :

- la transparence des contrats ;
- être simple, clair et pédagogique dans notre communication ;
- définir et respecter nos engagements ;
- mettre en œuvre les moyens d'une solvabilité durable.

Les collaborateurs :

- communiquer la stratégie ;
- entretenir des relations de respect ;
- dire ce que l'on va faire et faire ce que l'on a dit.

Talent

1) Définition lexicale

(Talent = état d'esprit du lat. *talentum* et du gr. *talenton* = plateau de balance, dans la Grèce antique, poids de 20 à 27 kg.)

Don, capacité, aptitude : toute disposition naturelle ou acquise pour réussir, aptitude particulière dans une activité (montrez-nous vos talents, etc.).

Sens absolu du talent : aptitude remarquable dans le domaine littéraire ou artistique. Avoir du talent.

2) Définition critique

On peut rapprocher de talent le verbe travailler et la valeur travail.

On peut reprocher au talent une forme d'autoproclamation de l'entreprise qui affirme en avoir. Il en serait de même si l'entreprise avait des talents (au pluriel). Au premier abord, le talent semble être une capacité à exécuter des tâches avec une extrême facilité. Or c'est tout le contraire.

La valeur talent est tout à fait adaptée à l'entreprise qui travaille dur pour réussir et qui a le don de savoir recruter des «gens de talent». Ce sont les gens qui forment le pluriel de talent. À chacun son talent mais tous ensemble pour le mettre au service de la réussite de l'entreprise et de ses parties prenantes. Ces dernières s'en trouvent valorisées. C'est une valeur de tolérance car elle accorde de l'importance à toutes les formes de talents et cela du plus petit au plus grand. On retrouve ici l'idée du «plateau de la balance», l'idée de mesure, de poids… du «juste» aussi. Une grande entreprise de services peut être amenée à peser le pour et le contre et, par conséquent, la valeur talent, au singulier, prend tout son sens.

Le talent, c'est également la marque de l'état d'esprit d'un groupe dont chaque membre est mis en valeur par les encouragements qu'il reçoit, et l'émulation d'un collectif ne va jamais sans le talent du dirigeant à sauvegarder l'état d'esprit de son entreprise quelles que soient les circonstances.

3) Définition retenue par l'entreprise

Faire émerger et développer les compétences, dans leur diversité, à tous les niveaux.

Ce qui permet d'offrir un peu plus que les autres «le petit plus qui fait la différence».

C'est reconnaître et valoriser le succès des collaborateurs.

Le talent : un pouvoir de séduction.

C'est comprendre le besoin des clients et créer de la valeur pour les actionnaires.

4) Valeurs associées

Engagement, initiative, créativité, valorisation des talents, exigence mutuelle.

5) Principes d'action selon les différentes parties prenantes

Les clients :

* comprendre et trouver des solutions aux problèmes posés comme besoins des clients ;
* être plus créatif, anticiper et innover ;

- démontrer des savoir-faire spécifiques.

Les collaborateurs :

- amener à l'excellence ;
- valoriser les initiatives et les talents de chacun.

Dans l'exemple qui précède, la formalisation des valeurs a d'ores et déjà permis un premier déploiement des valeurs par le simple jeu des groupes de travail mis en place. Débattre des valeurs, échanger sur leur légitimité, c'est déjà commencer à intégrer une culture commune.

Et c'est précisément le sujet du prochain chapitre.

Chapitre 8

Déployer et communiquer
ses valeurs

«La valeur d'une valeur est l'effort que nous lui consacrons[1].»

Un point important, déjà abordé : les valeurs ne sont pas une série de mots à «mettre à toutes les sauces» et ce n'est pas en les répétant à l'envi que les valeurs auront la chance d'être une réalité vécue tant en interne qu'en externe. Il ne s'agit pas d'imposer mais de fédérer… et de convaincre.

Communiquer signifie autant transmettre que partager[2]. La communication des valeurs, en particulier, fait donc à la fois l'objet d'une communication formelle utilisant les différentes techniques de communication disponibles et une communication moins formelle, voire interpersonnelle, où il s'agira d'échanger et de partager les valeurs.

Souvent, nous préférons parler de déploiement plutôt que de communication, tant il est important de souligner que cette phase doit être traitée avec beaucoup de finesse et de capacité d'adaptation aux différents publics. Le déploiement dans la première

---

1. Louis Lavelle, *Traité des valeurs*, Paris, PUF, nouvelle édition 1991.
2. On se référera à l'ouvrage de Dominique Wolton, *Penser la communication*, Paris, Flammarion, 1998.

phase peut d'ailleurs être considéré comme faisant partie de la formalisation.

Le déploiement des valeurs se décline en deux grandes directions :

- fournir une plate-forme exploitable dans le management et les actes de communication en interne comme en externe ;
- sensibiliser et favoriser l'appropriation des valeurs par les collaborateurs de l'entreprise afin de faire partager une vision commune et de fédérer le discours de l'entreprise.

Ces directions seront menées successivement ou en parallèle, selon les entreprises et leurs contextes.

Fournir une plate-forme

Dans l'idéal, les valeurs doivent conduire à la rédaction d'une plate-forme et de la formalisation sous la forme du code génétique qui servira de référence non seulement dans le management de l'entreprise, mais aussi pour ce qui est son bras séculier : la communication.

Cette plate-forme est en fait une sorte de «livre blanc» du système de valeurs de l'entreprise. Celui-ci comprendra :

- les valeurs retenues et bien sûr la définition que leur en donne l'entreprise. Il s'agit ici des valeurs pilotes ;
- les valeurs associées aux valeurs pilotes avec également, si possible, leur définition, si elles ne semblent pas suffisamment explicites pour éclairer les valeurs pilotes ;
- les principes d'action selon les différents publics avec, dans la mesure du possible, des exemples d'actions réalisées ou en cours de réalisation ;
- les modes de communication retenus ou à privilégier.

LES GRANDES ÉTAPES DU DÉPLOIEMENT

Implication du président et du haut management

Les valeurs ou leur reformulation sont souvent révélées à l'occasion de conventions, séminaires et sont présentées par le président et les principaux managers de l'entreprise. Elles sont souvent rappelées lors des autres prises de parole du haut management et des rencontres avec les managers.

> *«Le président se fait le relais de ces valeurs dans le monde. Pour aider le président dans sa tâche, il y a également 140 dirigeants de chaque pays qui servent de passerelle. (Ce sont les ambassadeurs du groupe.)»* (Industrie)

> *«À la dernière "rencontre du directoire", le directoire est allé auprès des 26 sites de production. Il y a rencontré tous les directeurs commerciaux. Lors de ces séminaires, les valeurs sont précisées, représentées.»* (Industrie alimentaire)

> *«Elles sont rappelées régulièrement par le président.»* (Services)

Les managers sont eux-mêmes les relais de la présentation et du rappel de ces valeurs. Ils sont souvent mis à contribution. Dans certains cas, plus rares, un responsable éthique ou développement durable est spécialement chargé de leur diffusion.

> *«Il y a une communication auprès de tous les managers afin de diffuser au mieux l'information pour tous les salariés de la société.»* (Distribution)

> *«Pour ce qui concerne la diffusion de ces valeurs, nous avons décidé que le déploiement de la démarche serait à la charge des managers. Mon travail a justement été de diffuser cette démarche auprès des directeurs de branche, de division, de filiales...»* (Énergie)

> *«À un niveau plus promotionnel, le directeur du développement durable assure lui-même la communication autour de ces valeurs, lors de déplacements ou de rencontres professionnelles.»* (Industrie)

«De plus, dans chaque pays, le patron de chaque filiale se fait l'ambassadeur de ces valeurs.» (Banque)

Séminaires de cadrage des valeurs et formalisation de principes d'action

Organisation d'ateliers de travail, par département, transversaux à l'organisation, permettant de préciser ce que chacune des valeurs signifie pour l'entreprise. Au-delà du caractère volontairement abstrait des valeurs, il s'agit de faire préciser ce que, par exemple, l'ambition signifie d'une manière spécifique pour une entreprise donnée.

C'est un des moyens principaux de présentation et de rappel des valeurs. Comme le souligne Antonio Gramsci dans ses *Chroniques de Turin* : «Pour qu'un fait nous intéresse, nous émeuve et devienne une partie de notre vie intérieure, il est nécessaire qu'il se produise à côté de nous, près de gens dont nous avons entendu parler et qui sont pour cette raison dans le cercle de notre humanité[1].»

Les séminaires, colloques fournissent le cadre de ce travail ou l'occasion de discussion autour des valeurs de l'entreprise. Elles sont également rappelées dans les séminaires d'accueil des nouveaux arrivants, dans les formations de cadres ou de managers, etc.

Ces séminaires peuvent avoir différents objectifs : ils sont un rappel des valeurs, leur explication aux managers ou à l'ensemble des collaborateurs mais, dans d'autres cas, ils sont l'occasion d'un travail de concrétisation des valeurs dans les comportements quotidiens.

Plusieurs entreprises ont réalisé des «kits de communication» permettant l'animation de groupes ou de formations sur ce sujet.

---

1. Relevé dans l'article d'Olivier Esteves, «Boycott : tout ce que vous avez toujours voulu savoir», *Libération*, 26 mars 2008.

«Nous avons eu des groupes de travail, dont un récemment visant à traduire ces valeurs dans la vie quotidienne des managers et salariés.» (Logistique)

«Tous les ans, il y a au moins une convention réunissant tous les managers du groupe où le thème phare est : les valeurs.» (Logistique)

«Au niveau de la communication orale, il y a de nombreuses réunions (séminaires) durant lesquelles ces valeurs sont inculquées et magnifiées pour les collaborateurs.» (Santé)

«Tous les trois ans, un séminaire pour l'ensemble des collaborateurs du groupe (plus d'un millier) est organisé. Une demi-journée en extérieur (parc des Expositions) afin de mobiliser l'effectif. Des spectacles sont mis en scène et des comédiens cherchent à expliquer de manière plus ludique les valeurs.» (Santé)

Ce sont les ateliers internes qui, seuls, permettent une appropriation des valeurs par les collaborateurs et créent le lien entre l'individuel et le collectif.

Édition d'une charte des valeurs

La rédaction d'une charte des valeurs s'appuie sur la plate-forme et sera, le cas échéant, une charte éthique qui, selon l'option choisie, peut être réservée à l'interne ou également diffusée à l'externe.

La rédaction d'une charte existe dans environ un tiers des entreprises et prend des noms différents : charte éthique, charte des valeurs, code éthique. Elle est souvent diffusée à l'ensemble du personnel, présente sur l'Intranet, et peut être affichée dans les salles de réunion, les bureaux, etc.

«Au niveau du groupe, l'élément essentiel de la diffusion de valeurs c'est le "Code éthique" un document interne à l'entreprise que tous les salariés doivent connaître.» (Télécoms)

«Notre charte est un document officiel émanant du comité de direction ; elle est mise sous verre dans tous les bureaux de l'entreprise et dans les salles de réunion.» (Industrie)

Dans beaucoup d'entreprises, notamment américaines, mais aussi en France, par exemple chez Sodexho, les valeurs maison sont consignées sur un petit rectangle de plastique : «Esprit de service, esprit d'équipe, esprit de progrès, trois valeurs fondamentales pour son dirigeant Pierre Bellon, qui sont applicables partout dans le monde et par tous les collaborateurs.» De même chez Business Objects qui a fait imprimer au dos des cartes de visite de l'entreprise : «LCT2IP», formule qui résume ses valeurs clés : L pour leadership, C pour consumer focus, T pour transnational identity (l'entreprise est à la fois en France et aux États-Unis), 2 I pour innovation et intégrité et P pour passion[1].

Adoption d'une démarche transversale

Les valeurs permettront, comme nous avons eu l'occasion de le développer dans les premiers paragraphes de ce livre, d'apporter les fondements d'une véritable communication transversale, c'est-à-dire en interne mais en direction de tous ses publics.

La conjonction de ces différents axes de diffusion permet de placer les valeurs au centre de la démarche de l'entreprise et de favoriser une meilleure appropriation par les diverses parties prenantes.

Intégration des valeurs dans différentes communications de l'entreprise

En interne

Dans les journaux internes, les plaquettes institutionnelles, le rapport d'activité, les livrets d'accueil des nouveaux arrivants, sur des affiches, sans oublier l'utilisation des médias électroniques (Intranet, courrier électronique, Internet).

Les valeurs sont reprises, présentées dans toute la panoplie des supports écrits de l'entreprise : plaquette présentant les valeurs, magazines et journaux internes, lettre d'information. Comme

---

1. *Le Figaro Entreprise*, 4 octobre 2004.

l'explique un manager dans le secteur de la santé : «Le but est de concrétiser, d'incarner ces valeurs plus que de les montrer. Dans chaque numéro du journal, une valeur est mise en avant.»

Certaines entreprises affichent les valeurs dans les bureaux, les salles de réunion, les restaurants d'entreprise, les lieux de contact avec la clientèle…

L'utilisation de l'Intranet joue également un rôle important. Il est d'ailleurs mis à contribution dans 4 entreprises sur 10 au travers des portails internes ou du courrier électronique.

En externe

Comme nous avons déjà pu le voir à différentes reprises, les valeurs ne sont pas un objet de communication mais sont à considérer tout d'abord comme un élément structurant de la communication. C'est en ce sens qu'on peut parler de «code génétique».

Néanmoins, au fur et à mesure de l'intégration et de la reconnaissance des valeurs de l'entreprise par ses différents acteurs, il est utile, à partir d'un certain point, de les communiquer clairement à l'extérieur. Notons d'ailleurs que le thème des valeurs est très présent dans la communication de la plupart des entreprises : 87 % des entreprises selon l'étude UDA-CSA 2007[1].

Plusieurs vecteurs pourront être privilégiés :

* le site Internet qui permettra non seulement d'afficher les valeurs de l'entreprise mais aussi de les compléter directement par leur traduction en actes ;

* les rapports d'activité ou plus spécifiquement les rapports d'engagement dans les domaines environnementaux et du développement durable ;

* les plaquettes institutionnelles ;

* les campagnes publicitaires institutionnelles, lorsque ce moyen de communication est utilisé.

---

1. Baromètre UDA-CSA sur la communication d'entreprise, édition 2007.

Proclamant comme valeurs la responsabilité, la proximité, la fiabilité et la modernité, La Poste[1] a entamé il y a quelque temps ce qu'elle appelle «quatre chantiers», qui concernent chacun de ses publics, tant en interne qu'en externe vis-à-vis de ses clients, les collectivités locales, ses salariés, et l'État. De plus, La Poste participe et organise 3 opérations caritatives annuelles de lutte contre des maladies de nature diverse : les Pièces jaunes, le Téléthon et Solidays.

L'éthique de la BNP[2] est fondée sur la transparence, le professionnalisme et la qualité. Sa démarche vise particulièrement l'interne. BNP Paribas souhaite que chaque salarié se sente valorisé et impliqué. Assumant pleinement «sa responsabilité sociale» en tant qu'entreprise, BNP Paribas s'est notamment engagée vis-à-vis de ses salariés à «assurer une gestion dynamique et motivante des carrières et des rémunérations en développant l'actionnariat du personnel et en favorisant le dialogue social».

La société SFR[3], quant à elle, a développé dans une plaquette institutionnelle son projet, qui est de «devenir leader dans l'univers de la mobilité», ainsi que ses valeurs «passion, agilité, créativité, ténacité, engagement», et les domaines auxquels elles sont appliquées. Par exemple, la passion est définie en ces mots : «La passion est dans nos gênes : c'est l'énergie de la passion qui a permis la réussite collective de SFR, dans des métiers et sur un marché où tout était à inventer, à construire. Aujourd'hui comme hier, la passion est le moteur de nos actions et de notre ambition. Pour développer encore nos positions sur un marché aussi concurrentiel, avec des clients légitimement exigeants, il faut être animé d'une certaine passion ; celle d'être toujours numéro 1.»

Recherche de la traduction des valeurs en actes

Les démarches précises qui visent à traduire les valeurs au niveau des comportements tant en interne (dans le management) qu'en externe (vis-à-vis des clients) sont plus rares. Bien souvent, la

---

1. www.laposte.fr
2. www.bnpparibas.net
3. Cf. les documents de communication de la marque.

traduction des valeurs en actes est considérée comme «allant de soi» puisque intégrée dans la culture de l'entreprise.

Cependant, quelques entreprises mettent en œuvre des procédures de recherche et de communication sur cette déclinaison. La recherche commence souvent par la mise en place de groupes de travail ou de groupes de réflexion centrés sur la déclinaison des valeurs. Certaines directions de la communication ou du développement durable mettent en place des événements destinés à représenter ou à illustrer ces valeurs.

Un grand du pétrole réalise un challenge annuel :

> *«Nous réalisons annuellement un challenge mondial : 10 % du personnel y participent. Le but est de voir quels sont ceux qui réalisent au mieux ces valeurs.»*

Citons également le cas exemplaire de Danone, dont l'implantation mondiale a eu certainement pour conséquence un travail considérable au niveau de la formalisation des valeurs. Cette entreprise a notamment déployé en interne la valeur enthousiasme au travers d'un mondial de football interne associant les différents pays où le groupe est implanté.

Enfin, dans quelques entreprises, l'application des valeurs est intégrée dans les entretiens d'évaluation des managers, ou même dans la détermination de l'obtention d'un bonus salarial.

Il est à noter que si l'entreprise était précédemment engagée dans des actions de mécénat, que ce soit dans les domaines humanitaire, culturel ou sportif, il est extrêmement rare de ne pas pouvoir rattacher ces actions comme traduction concrète de ce système de valeurs ; celles-ci préexistant à leur formalisation. *A contrario*, les valeurs seront à même d'éclairer d'un jour nouveau les différents engagements de l'entreprise.

Les valeurs des couleurs

Il est peut-être utile de rappeler ici, pour accompagner le déploiement, les valeurs généralement associées aux couleurs. Nous reprenons ici un tableau qui pourra être utile soit pour communiquer sur les valeurs retenues, soit pour compléter les valeurs pilotes en utilisant des valeurs représentatives et des valeurs secondaires. À titre d'exemple, une société qui aura retenu l'«énergie» parmi ses valeurs pourra soit vouloir l'exprimer par l'utilisation du rouge, soit plutôt utiliser l'orange pour valoriser sa dimension créative qu'elle aura associée à la valeur pilote énergie.

Bleu	Passivité – Générosité – Calme
Blanc	Force – Sagesse – Fidélité
Vert	Création – Spiritualité – Paix
Rose	Optimisme – Harmonie – Plaisir
Jaune	Attirance – Séduction – Élégance
Rouge	Énergie – Colère
Noir	Stabilité – Respect – Détermination
Orange	Optimisme – Créativité
Violet	Spiritualité – Harmonie – Pensée

LE MANAGEMENT DES VALEURS

Définir et déployer ses valeurs, éléments bien entendu primordiaux, ne peuvent suffire à assurer la pérennité de leur connaissance et appropriation par les collaborateurs et parties prenantes de l'entreprise.

Un programme de management des valeurs vise donc, tout en les inscrivant au centre des préoccupations de l'entreprise, à s'assurer du fait qu'elles ne sont pas «oubliées» au fil du temps et qu'elles demeurent un indicateur de la stratégie, de la vision et de la communication interne et externe de l'entreprise.

Il s'agit donc de «faire vivre» les valeurs, à l'interne comme à l'externe, et de créer les outils permettant de s'assurer de la pérennité de leur notoriété et de leur contenu.

Une partie des études qualitatives menées par Wellcom a d'ailleurs permis d'obtenir une visibilité sur le déploiement des valeurs en entreprise, leurs conditions d'existence et leur articulation.

Formalisées pour le long terme dans la majorité des cas, les valeurs ne donnent lieu que rarement à une réactualisation. Les liftings éventuels sont intervenus au cours d'un passé relativement proche (moins de deux ans).

Jugées utiles, voire très utiles par la très grande majorité des entreprises, les valeurs sont nettement perçues comme très contributives à la performance globale et à l'assise de l'identité. Néanmoins, la perception de l'utilité d'une démarche valeurs, plus forte pour le personnel d'encadrement, se nourrit d'un ensemble de prérequis relatifs au déploiement des valeurs.

Pour une majorité d'entreprises, les valeurs confirment leur utilité quand elles guident l'entreprise dans sa stratégie et qu'on y retrouve à la fois l'aspect identitaire et ses exigences d'incarnation par les instances dirigeantes. Mais il est évident que l'«effet gadget» est à proscrire. D'où la nécessité de traduire les valeurs en actes afin que chacun puisse adhérer ensemble à des valeurs communes et opérationnelles.

Ce pragmatisme se rencontre en ce qui concerne la communication à laquelle doit donner lieu la formalisation des valeurs, comme en témoignent ces verbatim :

> *«Les valeurs dans une entreprise sont essentielles. Le rôle de la communication est justement de les faire connaître à chaque collaborateur pour qu'il les connaisse, y adhère, les respecte, et veille à leur application au quotidien.»*

> *«Les valeurs n'existent que dans les actes quotidiens et leur pratique exemplaire par les dirigeants/les managers.»*

> *«Le plus important est de l'utiliser en tant qu'outil managérial et pas seulement comme outil de communication.»*

FAUT-IL ACTUALISER SES VALEURS ?

La majorité des entreprises pense que les valeurs ne doivent pas changer fondamentalement mais qu'elles peuvent être reformulées. Une banque nous a confié ce commentaire significatif : «Pour ne pas être un gadget, que l'on change au rythme des

Le management des valeurs

1 – Mettre en place des indicateurs internes

Créer des indicateurs simples mais réguliers permettant de vérifier la diffusion, la compréhension et l'appropriation des valeurs : observatoires ou baromètres pour les entreprises importantes.

2 – Organiser des sessions de suivi des valeurs dans les séminaires internes

Intégrer les valeurs dans les différents séminaires ou conventions annuelles.

3 – Faire des valeurs un des éléments des entretiens d'évolution

Pour les managers, vérifier les mesures prises pour améliorer la diffusion, la compréhension et l'appropriation des valeurs par les collaborateurs.

4 – Valider régulièrement la pertinence des différentes actions développées par l'entreprise et de ses différentes communications avec les valeurs

Périodiquement valider la cohérence de la marche de l'entreprise avec le système de valeurs.

5 – Intégrer les valeurs dans les études externes

Intégrer des questions permettant d'analyser l'association des valeurs à l'entreprise dans les études de satisfaction, d'image, pré-tests et post-tests de campagne de publicité. Le cas échéant, en faire un indicateur de la cohérence des messages, à l'interne comme à l'externe.

campagnes publicitaires, les valeurs doivent être liées à l'identité de l'entreprise, donc à son origine et à son histoire, l'origine étant pris au sens de source et non de simple commencement. Cela permet de rejoindre l'adage romain : "Les gouvernements ne peuvent se maintenir que par le principe qui leur a donné naissance".» Cela n'empêchant pas de revoir le système de valeurs à intervalles réguliers : en 2006, parmi les entreprises ayant revu leurs valeurs, plus de la moitié avaient procédé à une réactualisation dans les trois dernières années.

On peut noter que les entreprises, pour la majorité d'entre elles, ont réactualisé leurs valeurs lors d'une réflexion de nature identitaire, telle que la réflexion sur la marque-entreprise, le projet d'entreprise et la mobilisation des hommes ou la réorganisation institutionnelle. Il est rassurant de constater que cette démarche n'est que rarement le fait de changements de dirigeants ou d'actionnaires de référence. Les valeurs constituent, en effet, d'abord un principe de mise en cohérence de l'identité de l'entreprise avec ses acteurs.

Trois conceptions en présence

Trois positions relatives à l'actualisation des valeurs illustrent des conceptions différentes.

Les entreprises qui pensent que les valeurs ne doivent pas changer

Environ 10 % des entreprises interrogées pensent, en effet, que les valeurs sont fondamentalement pérennes, qu'elles expriment une philosophie fondatrice :

> *«On ne change pas ses valeurs même si la société évolue.»* (Industrie)

> *«On ne change pas de valeurs souvent ! Les valeurs sont fixes et ne doivent pas être modifiées sans arrêt.»* (Mutuelle)

> *«Il ne faut pas les changer : les valeurs sont intangibles par définition.»* (Services)

Les entreprises (plus de la moitié) qui pensent que les valeurs ne changent pas fondamentalement

La majorité des entreprises pensent que les valeurs ne changent pas fondamentalement, qu'elles peuvent être reformulées, adaptées à la modernité :

> *«Non, cependant nos valeurs varient avec l'évolution de la société.»* *«Nos valeurs sont pérennes. Mais il est possible qu'elles soient retravaillées par notre comité de travail dans peu de temps. Ce qui évoluera : la valeur clientèle plus que le respect par exemple.»* (Restauration)

«Nous avons dépoussiéré les valeurs qui existaient de manière informelle mais elles sont restées les mêmes.» (Coopérative)

«Chaque fois on garde au fond les même valeurs. C'est simplement la façon d'exprimer ces valeurs qui change en fonction des évolutions de notre entreprise, du contexte économique et social.» (Distribution)

Les entreprises (environ un tiers) qui pensent que les valeurs doivent changer parce que la société évolue et parce que l'entreprise change

On trouve ici notamment les entreprises qui ont transformé leurs valeurs à l'occasion d'une fusion ou d'une absorption :

«Ces valeurs sont réactualisées régulièrement pour être en accord avec la société.» (Distribution)

«Les crises récentes entraînent aussi une réactualisation de nos valeurs.» (Industrie alimentaire)

«Quand nous avons été rachetés, nous avons forcément dû retravailler sur des valeurs à mettre en commun.» (Santé)

Un exemple emblématique

Assez exemplaire dans le domaine des valeurs, une grande entreprise internationale dans le domaine de la haute technologie qui s'est rendu compte qu'environ la moitié de ses employés avait moins de quatre ans d'existence dans l'entreprise, alors que l'autre moitié était présente depuis de nombreuses années, souvent depuis plus de vingt ans. Devant cet écart qui commençait à poser des problèmes de génération et de différences de culture dans l'entreprise, le management, au niveau mondial, a pris l'initiative avec l'aide de l'équipe des ressources humaines de lancer à l'échelle internationale ce que l'entreprise a appelé un «Web jam». Ce vocable désignait la mise en place d'un grand forum interne sur Internet, destiné à échanger sur les 3 valeurs de l'entreprise, avec 3 modérateurs officiant chacun dans une des 3 zones d'implantation de l'entreprise : l'Amérique, l'Europe et l'Asie pacifique. Ce forum était prévu pour durer soixante-douze heures. Or, à peine au bout de quelques heures, le ton sur les différents forums est devenu très vite virulent. D'un côté, les anciens qui reprochaient aux nouvelles recrues de vouloir tout chambouler, de ne pas vraiment connaître l'entreprise, de ne pas y être réellement impliquées et de ne pas s'identifier à sa culture. De l'autre côté, les collaborateurs arrivés récemment reprochaient, plutôt radicalement, aux anciens leur incapacité à bouger réellement, leur volonté non déclarée de figer l'entreprise, etc.

Le ton est progressivement monté, à un point tel qu'au bout d'environ trente-six heures, le DRH mondial a commencé à considérer que l'entreprise se mettait face à un danger réel et a suggéré à la direction générale de cesser l'exercice. Un avis qui n'a pas été suivi, car le «Web jam» a pu aller jusqu'au bout des soixante-douze heures prévues.

Ce qui se révèle est intéressant. Après un violent affrontement, certaines voix se sont élevées pour dire : «Bien. Nous ne sommes pas d'accord entre nous, mais que fait-on ? Où va-t-on ?» Cette expérience me semble révélatrice de la richesse du lien que créent les valeurs, en ce qu'elles permettent de s'affronter sans enjeu directement concret pour l'entreprise et offrent l'occasion aux différents collaborateurs de s'apercevoir qu'ils ne sont pas forcément si différents qu'ils le pensaient et qu'ils peuvent construire ensemble.

Enfin, il est intéressant pour un observateur externe de s'apercevoir que sur les trois valeurs retenues après-coup, deux sont identiques aux valeurs précédentes et la troisième est grossièrement sur le même registre et de la même famille que la valeur précédente. Le point déterminant pour cette entreprise a été de placer les valeurs au centre de son acte de management.

APPRÉCIER LA PERFORMANCE DES MOYENS UTILISÉS POUR DÉPLOYER LES VALEURS

La performance des moyens courants utilisés pour déployer les valeurs auprès des collaborateurs de l'entreprise a également été évaluée. La plupart des managers des entreprises estiment que les valeurs doivent faire l'objet de campagnes de promotion afin d'informer tous ses acteurs de leur nature et de leur but. Les valeurs doivent imprégner l'esprit de l'entreprise et donc être diffusées par une communication spécifique renvoyant régulièrement au concret.

La mobilisation du haut management reste toujours l'axe majeur de diffusion des valeurs, même si, comme le reconnaît un manager d'une entreprise de services, «transmettre les valeurs au personnel n'est pas évident car la motivation sentie par les directeurs n'est pas toujours facile à communiquer». Mais si l'implication du management apparaît comme un moyen très performant, il en est pratiquement de même pour la traduction des valeurs en actes.

Pour la plupart des entreprises, le mode de diffusion le plus efficace concerne les travaux d'animation organisés en interne. Il est nécessaire de les évoquer au moment de l'intégration de nouveaux collaborateurs.

Enfin, l'intégration dans les documents émis par les entreprises/institutions est jugée également plutôt performante, de même, mais en moindre mesure, que la rédaction d'une charte des valeurs :

«Les valeurs doivent correspondre à une réalité ancrée dans l'entreprise pour être utilisables et pertinentes. Leur détermination doit être le fait des salariés et/ou des clients.» (Immobilier)

	Très performant
Intégration dans les systèmes d'évaluation	10,5 %
Le comportement du management en phase avec les valeurs	6 %
Animation générale	52 %
Diffusion documentaire	31,5 %
Total	**100 %**

Si toute idée de corrélation directe du type «le management par les valeurs augmente les profits de l'entreprise» tiendrait plus du slogan publicitaire que d'une démonstration rigoureuse, on observe que :

- un management par les valeurs influence les conduites et les représentations des collaborateurs ;
- l'entreprise est désormais scrutée en permanence par des organismes externes, pour le compte d'investisseurs ou de groupement d'intérêts ;
- des normes d'excellence et des normes sociales sont proposées comme «modèles à suivre» aux entreprises.

Trois niveaux d'impact

Il y a, de fait, 3 niveaux d'impact opportuns à évaluer :

- celui sur les représentations ;
- celui sur la perception de la performance ;
- celui sur les conduites.

L'impact sur les représentations

Il y a lieu de chercher à approfondir deux caractéristiques de cette représentation qu'ont les collaborateurs.

- Est-elle plutôt favorable ou plutôt défavorable ? En effet, un discours favorable prédispose à l'action, tandis qu'un discours défavorable prédispose à une position de retrait sinon d'obstruction.
- Indique-t-elle qu'ils y voient un usage possible ? Se servent-ils ou sont-ils prêts à se servir des outils et des approches que le management par les valeurs leur suggère ? L'investigation peut être simple. Il suffit de considérer s'ils en parlent dans un sens opératoire ou pas.

L'impact sur la façon de percevoir la performance

On s'interroge ensuite sur la nouvelle approche par les collaborateurs de la performance.

- Le management par les valeurs a-t-il rendu, plus large, moins univoque, l'approche de la notion de performance ? Il y a lieu, pour cela, d'apprécier si les collaborateurs intègrent, dans leur approche de cette dernière, une référence aux valeurs de l'entreprise.

- En est-il aussi question dans les actes où l'entreprise traite de la performance, que ce soit dans l'entretien annuel d'évaluation, dans la fixation des objectifs à tous niveaux de l'entreprise ou dans les bilans qui statuent sur la performance ?

L'impact sur les conduites

Enfin, l'impact sur les conduites doit être observé :

- dans les entreprises où il est plutôt normatif, l'impact s'envisage en termes de conformité vis-à-vis des collègues ou subordonnés, des clients, des fournisseurs, de la concurrence ;
- dans les entreprises où il est plus orienté «finalité», on vérifiera si les collaborateurs sont plus conscients des conflits de valeurs attenants à certaines situations et des dilemmes qu'ils posent.

D'une manière générale, il y aura lieu de vérifier si l'approche par les valeurs s'accompagne d'une sensibilité à la notion d'engagement.

Les méthodes de mesure

Bon nombre d'entreprises réalisent, après adoption des valeurs, des enquêtes d'adhésion du personnel aux valeurs retenues.

Ces enquêtes ont été réalisées sous différentes formes : test limité, sondage ou consultation plus large.

> «Nous avons fait une consultation au niveau de l'ensemble du groupe pour savoir si les valeurs fixées correspondaient aux salariés.» (Santé)

> «Nous avons fait une consultation électronique pour l'ensemble du personnel de l'entreprise et nous avons eu 2 500 réponses.» (Énergie)

Chapitre 9

Les bénéfices d'une démarche valeurs

«Il n'y a rien de plus pratique qu'une bonne théorie !»

Il est bien évident qu'aucun management des entreprises ne pourra raisonnablement s'engager dans une démarche valeurs, même si celle-ci se veut limitée à son minimum, sans avoir une visibilité clairement établie des bénéfices qu'il peut en tirer. C'est pourquoi, plutôt que de longs discours, nous proposons de lister ici les bénéfices essentiels d'une démarche valeurs.

DONNER DU SENS

Les valeurs existent d'abord pour porter une vision. La première fonction d'une direction générale est donc de donner du sens à l'action de l'entreprise. C'est ainsi que l'entreprise devient attractive aux yeux d'abord de ses collaborateurs mais aussi de ses différents publics.

Les valeurs permettent de fédérer parce qu'elles sont abstraites. Elles permettent d'innerver les différentes dimensions de l'entreprise en leur permettant d'aller dans le même sens et donc de «faire sens». Au travers des valeurs, il est ainsi possible d'animer les hommes qui la composent pour aller dans une direction commune et de rendre cohérent l'ensemble des messages de l'entreprise.

Dans le contexte de financiarisation de l'économie où les entreprises «oublient» fréquemment leur vocation première pour se concentrer sur leurs résultats à court terme, celles-ci sont amenées à en demander toujours plus. Elles entretiennent ainsi une spirale de compression des délais et donc du temps au regard de laquelle les salariés ont souvent du mal à prendre du recul et à se situer dans l'entreprise. Dans ce cadre, en se focalisant sur ce qui fait sens, les valeurs réhumanisent l'entreprise. Elles permettent, de fait, de relier le sens qu'un individu veut donner à sa vie au sens que l'entreprise veut donner à sa trajectoire. Tous les autres liens, fonction, salaire, formation, progression, avantages, étant essentiellement du ressort du concret.

Les valeurs mettent en relation l'individu et ses propres valeurs de référence (culturelles, éthiques, etc.) avec le groupe. Les différents publics internes ou externes peuvent ainsi dans leur for intérieur comprendre et adhérer au groupe, c'est-à-dire à l'entreprise. Comme le dit Xavier Fontanet, président d'Essilor :

> *«Une entreprise est une communauté d'employés et d'actionnaires en relation quotidienne avec ses fournisseurs et ses clients. Mais, pour nous, la réalité de l'entreprise va beaucoup plus loin. Une entreprise c'est aussi une histoire, un métier, un projet, un risque et des valeurs ; ce quelque chose de plus, difficile à exprimer, est pourtant fondamental, c'est le ciment de l'entreprise[1].»*

RÉHUMANISER L'ENTREPRISE

Beaucoup d'entreprises semblent aujourd'hui dominées par ce que nous appellerons la «dictature du concret». Bien évidemment, une entreprise se doit pour réussir d'être gouvernée avec beaucoup de pragmatisme. Néanmoins, ce pragmatisme paraît souvent être poussé à son extrême et occuper tout l'espace disponible. Comme si on espérait des hommes qu'ils fonctionnent comme des machines. Une attitude de management issue d'un temps révolu, qui ne pourra que diminuer et qui, de toute évidence, est impossible à

---

1. *Le Figaro Entreprise*, 4 octobre 2004.

conserver dans le domaine des services. Rappelons ici que les professions de services représentent aujourd'hui 60 % de l'économie française.

Ce pragmatisme conduit les entreprises à souvent privilégier la quantité à la qualité, non seulement dans leur production, mais dans leurs relations avec leurs différents publics. Il nous semble bon de reprendre ici une interview d'Edgar Morin :

> *«Cette dégradation de la qualité par rapport à la quantité est la marque de notre crise de civilisation. La logique, qui est la nôtre, technique, économique, scientifique ne prend en compte que ce qui est quantifiable. Tout ce qui ne l'est pas est évacué de la pensée politique. Or, malheureusement, ni l'amour, ni la souffrance, ni le plaisir, ni l'enthousiasme, ni la poésie n'entrent dans la quantification... Le visage lumineux de la civilisation occidentale présente, aujourd'hui, un envers de plus en plus sombre. Ainsi l'individualisme, qui est une des grandes conquêtes de la civilisation occidentale, s'accompagne de plus en plus de solitude, de dégradation des solidarités[1]...»*

Ces propos d'Edgar Morin, révélateurs d'un malaise général, nous paraissent particulièrement adaptés à l'univers du travail où, trop souvent, et au prétexte de la productivité, l'on feint d'ignorer la dimension humaine des entreprises.

CONTRIBUER À LA MOTIVATION

La notion de valeur comprend l'idée d'un va-et-vient entre l'individu et la société dans laquelle il s'inscrit, d'un balancement perpétuel entre le personnel, le particulier et le communautaire, le général. Les valeurs se situent de fait au croisement de l'individuel et du collectif, car adopter une valeur, c'est adhérer à des fondamentaux généralement partagés.

Les valeurs ne reflètent pas forcément, ou pas exclusivement, la culture de l'entreprise mais des objectifs à atteindre. Les valeurs

---

1. Cité dans l'article de François Régis Hutin, «Pour une nouvelle Renaissance», *Ouest France*, 5 janvier 2008.

sont des axes d'amélioration, de comportements tournés vers la performance et le professionnalisme de l'entreprise.

Pour Franck Mougin[1], DRH du groupe Danone, la motivation des salariés est une condition impérative de la croissance de l'entreprise :

> *«Je ne suis pas un intello et je ne suis pas là pour moraliser. Mais je suis convaincu que c'est uniquement s'ils trouvent du sens à leur travail [que l'on peut obtenir l'engagement des salariés]. Et cela à tous les niveaux de l'entreprise. [...], nous avons mis au jour trois principaux leviers d'engagement : le salarié s'engage avant tout si son entreprise est en phase avec sa culture et ses valeurs ; s'il est fier d'appartenir à un groupe leader ; enfin si son employeur assume le développement de ses compétences.*
>
> *Parvenu à ce résultat, l'efficacité de l'organisation, les valeurs, la satisfaction au travail, les opportunités de développement ont l'impact positif le plus net. Le fond c'est la question du sens. [...] Il s'agit de [...] faire comprendre que, au final, la différence entre concurrents ne se fera pas sur la création de valeur pour l'action-naire ou la qualité de la production, car tous parviendront peu ou prou aux mêmes résultats, mais sur la création de valeurs culturelles.»*

Complétons ces propos éloquents par deux témoignages de dirigeants rencontrés dans le cadre de nos études :

> *«La mise en place de valeur au sein de notre groupe répond à un besoin tant interne qu'externe. En effet, ces valeurs servent comme motivation, comme ligne de conduite aux salariés qui vont donner davantage pour le client et sa satisfaction.»*

> *«Les valeurs servent d'éléments motivants, rassembleurs pour affronter la compétition.»*

---

1. Franck Mougin «Donner du sens au travail», article de Jacques Trentesaux, *L'Express*, 16 novembre 2006, p. 146-148.

FÉDÉRER LA DÉMARCHE ÉTHIQUE

Notre contexte sociétal est marqué par la défiance, si ce n'est la méfiance. Une étude récente[1] montre que la France est le pays, à l'opposé des pays nordiques, où chacun a le moins confiance envers ses concitoyens. Fédérer sa démarche éthique par un système de valeurs se révèle, dans ce contexte, primordial en interne comme en externe.

Dans le secteur des services notamment, les valeurs jouent le rôle que les «normes» peuvent avoir dans d'autres secteurs. Elles garantissent le respect par l'entreprise de principes. Laissons également la parole aux managements de deux entreprises :

> *«Donner du sens à nos missions : notre métier implique une véritable éthique, une déontologie. Les valeurs contribuent à renforcer la qualité de nos prestations. Elles renforcent le sentiment d'appartenance. C'est aussi un référentiel ; en cas de difficulté elles servent de guide.»*

> *«Notre métier est particulier : il s'agit de réaliser une évaluation de conformité. Cela signifie une vérification auprès de nos clients, nous avons auprès d'eux un rôle de juge. Quand on prétend avoir ce rôle, un des éléments essentiels c'est d'avoir des valeurs solides.»*

PERMETTRE DE SE DIFFÉRENCIER

Les valeurs donnent souvent l'impression d'être identiques d'une entreprise à une autre et il est vrai que la similitude de certaines valeurs dans des entreprises parfois directement concurrentes entre elles porte à réfléchir. Néanmoins, ce cas est de loin le moins fréquent et les valeurs pourront réellement permettre de créer de la différence à condition qu'elles soient réellement pensées comme un système à la fois légitime et capable de soutenir la vision et le projet d'entreprise.

---

1. La France se place comme recordman de la défiance, étude «World values survey», 2007, worldvaluessurvey.org

Un chef d'entreprise témoigne :

> *«La mise en place de valeurs au sein de notre groupe répond à une nécessité de communiquer autour des marques pour le client mais également de justifier le positionnement de marque sur le marché pour la clientèle (mise en avant de la valeur innovation pour expliquer le prix), mais également par rapport à ses nombreux concurrent.»*

Difficile à ce stade de ne pas citer Anita Roddick de Body Shop, entreprise rachetée depuis par L'Oréal, qui avait fait des valeurs éthiques les valeurs de sa marque :

> *«Ce sont nos valeurs qui fondent et maintiennent la cohésion du groupe, de son personnel, de ses produits, de ses actions, de sa communication, de son style, et qui donnent de l'énergie à notre personnel[1].»*

Les valeurs sont un mode de lecture de l'entreprise qui va permettre de baliser la personnalité, la culture ou le territoire de la marque-entreprise.

Pour Steve Jobs également, les valeurs sont primordiales chez Apple, comme il l'avait expliqué lors du lancement d'un film publicitaire qui a marqué l'histoire de l'entreprise :

> *«Bien des choses ont changé, mais les valeurs, les valeurs essentielles, ne doivent pas bouger. Ce à quoi Apple croyait à ses débuts, Apple souhaite l'incarner aujourd'hui plus que jamais. [...] Le thème de la campagne est Think Different. Nous avons décidé de rendre hommage à ceux qui pensent autrement et qui font avancer le monde dans lequel nous vivons. C'est aussi ce que Apple cherche à faire, et c'est pourquoi ce thème reflète l'âme de notre entreprise[2].»*

---

1. Anita Roddick, «Nos bureaux sont à mi-chemin entre le campus et le kibboutz», *Les Échos*, 27 janvier 2004. On notera par ailleurs la reprise de Body Shop par L'Oréal. Cela entraînera-t-il des contradictions ou des tensions entre la marque et le groupe ?
2. Jean-Marie Dru, *La Publicité autrement*, Paris, Gallimard, coll. «Le débat», Paris, 2007, p. 17.

De même, Lou Gerstner, ancien patron d'IBM, écrit dans ses mémoires :

« Il ne faut pas considérer la culture comme un à-côté du jeu ; elle est le jeu lui-même. »

Il est en cela rejoint par Jim Stengel, de Procter & Gamble, qui, s'adressant récemment à des étudiants d'une université américaine, leur déclarait ;

« En fin de compte, construire une entreprise revient à construire une culture. »

Devant la multiplicité des discours tenus à ses différents niveaux (marketing et commercial, expertise, recherche et développement, institutionnel, finances, démarches éthique, environnementale, sociétale…), l'entreprise éprouve des difficultés à structurer ses divers messages et même à les hiérarchiser. Loin de résoudre à elle seule ce challenge, les valeurs permettent de donner des lignes de force, de rendre le discours à la fois plus lisible et plus accessible.

Des valeurs, exprimées clairement, clarifient le discours du ou des dirigeants en donnant de façon finalement plus explicite les orientations du management.

APPORTER UNE AIDE À LA DÉCISION

Beaucoup de dirigeants d'entreprise vous diront que, contrairement aux idées répandues, le nombre de décisions à prendre d'ordre stratégique est finalement assez faible. Car le rôle du manager consiste davantage à animer son encadrement pour faire émerger les décisions qui s'imposent et sur lesquelles il y aura en général consensus. Il demeure cependant un certain nombre d'orientations qui révèlent souvent à part égale autant de risques que d'opportunités et sur lesquelles il s'avère difficile de prendre position. Face à plusieurs alternatives, la référence aux valeurs offre souvent une aide à la décision et c'est même souvent dans ce cadre que l'on pourra vérifier la réalité des valeurs de l'entreprise.

Renforcer la culture d'entreprise

L'utilisation la plus souvent citée des valeurs en interne concerne la volonté de fédérer autour de repères communs. Bon nombre de groupes internationaux expriment ce registre d'utilisation :

« *Pour ne pas perdre des éléments essentiels de notre culture d'entreprise, nous avons formalisé les choses. Le but était de faire vivre un héritage culturel. Chez nous, la culture orale est très forte. Mais l'identité du groupe étant une chose clé, il nous a fallu fixer les choses pour ne pas les perdre.* »

Les circonstances de fusion ou d'absorption offrent également un contexte propice à la mise en place d'une démarche valeurs. Dans des situations de changement ou de perturbation, ces dernières ont pu servir de réassurance ou de repère.

« *L'entreprise a connu des moments difficiles entre les fusions et autres rachats donc les valeurs sont là pour rassurer.* »

« *En 2001, nous avons connu une grosse fusion. Ces valeurs ont donc été constituées pour servir de repères. Elles ont permis aux gens de se repositionner par rapport à leur nouveau statut. Nous avons doublé d'effectif en très peu de temps. C'était donc un moyen de se retrouver.* »

« *Cela répond au besoin de mettre en place un socle fédérateur pour notre entreprise ainsi que pour nos filiales. C'est un repère, un outil de décloisonnement : nos métiers sont différents mais ils ont un socle commun.* »

Les valeurs peuvent également intervenir comme référentiel utilisé en ressources humaines à plusieurs niveaux, en matière de recrutement, ou lorsqu'il s'agit de trancher face à des situations délicates :

« *Pour toutes les personnes qui intègrent notre société, nos valeurs sont très importantes. Elles donnent une vision de ce qui est important chez nous, elles permettent une bonne intégration. Grâce à ces valeurs, tout le monde vit avec les mêmes objectifs, les mêmes buts, la même éthique. Cela sert pour cibler le recrutement, pour parler de notre société à des cabinets de recrutement par exemple.»*

«Elles ont aussi un rôle moteur et permettent d'avoir une culture commune. Comme nous sommes présents partout dans le monde il est bon d'avoir un moyen pour nous unir, pour que les gens se conduisent avec les mêmes critères.»

Selon DPR Construction, entreprise basée aux États-Unis :

«Le management par la culture économise tout d'abord beaucoup de coûts de contrôle, directs et indirects. Quand vous disposez des collaborateurs responsabilisés et autonomes, ils sont leur propre chef. C'est ce que nous appelons ici le leadership partagé. Un premier indicateur pourrait donc être l'économie de structure réalisée du fait de l'absence de bureaucratie. Mais le meilleur indicateur est externe. Les clients trouvent-ils chez DPR les comportements de professionnalisme, de réactivité, de qualité... qu'ils recherchent ?
Notre cible est la satisfaction maximale des clients, et notre ambition dans ce domaine est d'obtenir le marché... sans concurrents ! Je pense que la force de notre culture d'entreprise et son impact sur les comportements représente notre avantage concurrentiel majeur. Il s'agit donc d'une démarche consciente et intentionnelle que nous renforçons en permanence : le management par les valeurs, comme levier de création de valeurs[1].»

Citons également Claude Bébéar, fondateur et président du conseil de surveillance d'Axa :

«[...] sans culture d'entreprise, il n'y a pas d'entreprise. Celle-ci n'est pas seulement un groupe de salariés, c'est une équipe qu'on doit mobiliser sur une vision et un objectif. Cela exige de lui faire partager certaines façons de voir les choses, de travailler ensemble et de développer des réflexes communs. Tout se passe exactement comme dans une équipe de rugby. Si j'ai le ballon, il faut que je sache où se trouvent untel et untel et comment ils vont réagir. La culture d'entreprise consiste à développer par ce type de ciment et elle passe par une connaissance du code de fonctionnement des autres[2].»

---

1. *Personnel*, mars-avril 2004.
2. *Le Figaro Entreprise*, 4 octobre 2004.

Concourir à la performance financière

Une étude réalisée par ISR, acteur référent au niveau mondial dans la recherche et le conseil en stratégie de ressources humaines, s'est intéressée à mesurer les leviers de motivation et d'engagement des salariés. Il ressort de cette analyse qu'il existe un lien entre la profitabilité des entreprises et la motivation des salariés. En d'autres termes, plus grande est la motivation des salariés d'une entreprise, plus importants sont ses résultats financiers. Une évidence diront certains. Encore fallait-il le démontrer. Et parmi les principaux leviers de l'engagement des salariés, ressortent deux fondamentaux : le leadership (la capacité des managers à entraîner les équipes) et la force de la culture d'entreprise, le plus souvent liée à l'expression de valeurs formalisées et intégrées. Il y a un lien de fait entre des valeurs clairement formalisées et la performance financière de l'entreprise.

Il s'agit d'une moyenne. Les résultats sont extrêmement variables en fonction des types d'entreprise. Plus une entreprise propose un produit à forte valeur ajoutée, moins la culture d'entreprise a d'importance. En revanche, dans le cas d'un produit à faible valeur ajoutée, la culture d'entreprise et ses valeurs ont une forte importance.

Comme source d'image et source d'éthique, nous avons pu voir que les valeurs constituent le fondement de la réputation des entreprises. Or, plusieurs chercheurs ont essayé de quantifier la valeur de l'image et confirment qu'une solide réputation induit des avantages économiques substantiels[1].

«Prenons l'étude effectuée par Rajendra Srivastava en 1990. Celui-ci a comparé un groupe de sociétés avec des niveaux de rendement et de risque similaires mais des scores différents en termes d'image. Ses résultats montrent qu'une différence de 60 % sur le score d'image se traduit par une différence de 7 % dans la valorisation boursière. Comme la valorisation moyenne des entreprises

---

1. «La part de l'image dans la valeur de l'entreprise», *Les Échos*, mai 2001.

étudiées était de 3 milliards de dollars, une hausse de 6 à 7 points de leur score d'image sur une échelle de 10 points se traduisait par une valorisation boursière de 52 millions de dollars.»

D'après Accenture, selon son étude de juin 2007, les clés de la haute performance, que l'entreprise définit sur 5 critères (la croissance du chiffre d'affaires, la rentabilité, la longévité, la régularité de la performance, les anticipations de croissance), repose sur 3 facteurs clés[1] :

- positionnement sur le marché (cibler le marché au bon moment) ;

- compétences distinctives : des compétences opérationnelles spécifiques qui font vraiment la différence par rapport aux concurrents ;

- anatomie de la performance : une culture d'entreprise unique et difficile à reproduire par le concurrent.

Pour ce cabinet d'audit réputé aussi, si la performance d'une entreprise s'analyse avec des éléments concrets, elle s'explique par des facteurs tout autant immatériels tels que son positionnement sur le marché, ses compétences et sa capacité à créer une culture d'entreprise différenciée et difficile à reproduire.

Une enquête de recherche mondiale effectuée par l'Institut Aspen et le cabinet de conseil en gestion Booz Allen Hamilton[2] intitulée «Les valeurs tirées des valeurs d'entreprise», apporte une preuve supplémentaire. Le sens de la stratégie et l'engagement sur les questions environnementales mises en actes apporte à l'entreprise un plus grand succès au résultat final. Selon l'étude, «parmi les leaders financiers – ces sociétés par actions qui surpassent leurs moyennes industrielles – 98 % incluent des principes de comportement/d'éthique dans leurs chartes de valeurs, à comparer aux 88 % des autres sociétés par actions». Les différences entre les premières, définies comme des leaders financiers, et les autres

---

1. Accenture, *Étude sur les leviers de la performance*, juin 2007.
2. Verschoor Curtis C., «Is there financial value in corporate values», *Strategic Finance*, july 2005, p. 17-18, traduction personnelle.

sont même plus prononcées sur les questions de comportement ; ces dernières faisant plus souvent profession d'engagement vis-à-vis de leurs salariés (de 88 % à 68 %), d'honnêteté et de franchise (de 85 % à 47 %) que les premières.

STRUCTURER LA COMMUNICATION

Les valeurs offrent un levier de management sans équivalent mais fournissent aussi l'élément structurant de la communication. Leur nature abstraite permet de fédérer l'ensemble des messages de l'entreprise et livre le moyen de rendre enfin harmonieux les différents types de communication.

À partir du modèle de code génétique proposé, il sera possible de structurer et déployer avec cohérence l'ensemble des communications nécessaires à la vie de l'entreprise. Communication institutionnelle, bien sûr, mais également communication marketing, communication financière, communication de recrutement et, de manière plus générale, communication interne comme communication externe (cf. schéma partie 1, chapitre 3, p. 66).

GOUVERNER LA RÉPUTATION

Définir des valeurs permet *in fine* à une entreprise de gérer avec plus d'efficacité le concept clé de sa réussite : sa réputation. C'est dire, au-delà des messages qu'elle peut émettre, ce que l'on dira d'elle. Les valeurs offrent en ce sens le moyen à l'entreprise d'être «mentalisée» par ses différents publics, internes et externes, bien au-delà de son objet social et de sa communication ; et de ne pas laisser au simple hasard l'impression qu'elle donnera à ses parties prenantes.

Pour Denis Kessler, la réputation économique devient une variable économique à part entière :

> «*La valeur subjective que l'on donne à une entreprise, un gouvernement, un pays, un produit, un titre ou même à une personne,*

paraît jouer un rôle croissant dans les choix économiques et financiers.

[…] La réputation est une valeur économique qui appartient à la famille des stocks, des patrimoines. […] La réputation est, à proprement parler, l'actif intangible principal de nombreuses entreprises[1].»

---

1. Denis Kessler, «De reputationis», *Options Finances*.

CONCLUSION

La conception des valeurs dans le monde de l'entreprise a été parfois révélatrice d'un simple effet d'affichage mais elle révèle souvent une certaine schizophrénie de la conception de l'entreprise elle-même.

D'un côté l'entreprise marketing faite pour gagner de l'argent. De l'autre, l'entreprise institution voire «citoyenne» qui aurait vocation à s'intégrer et à servir la société. D'un côté, les valeurs serviraient à créer de la différence et un avantage concurrentiel. De l'autre, à montrer que l'on se conduit bien. Face à ce dilemme, bon nombre d'entreprises se trouvent embarrassées et finissent par privilégier l'un ou l'autre. Soit, dans le premier cas, en renonçant à la dimension éthique (par excès de prudence ou d'humilité), soit, dans le second, en renonçant à la dimension marketing (par peur du mélange des genres, considérant les valeurs comme du ressort exclusif de la morale).

Ces deux visions sont au mieux ignorées comme si elles devaient être absolument incompatibles (l'une tolérant l'autre et inversement), au pire conduisant à bloquer le développement harmonieux de l'entreprise dans ses différentes dimensions. Comme si ces deux dimensions n'étaient tout simplement pas deux visions de la même entreprise. Or, l'entreprise incorpore ces deux visions. Comment l'entreprise marketing pourrait-elle être pérenne sans capacité à fédérer la bienveillance de ses différents publics, interne comme externe ? Comment l'entreprise citoyenne pourrait-elle être pérenne sans s'assurer d'avantages concurrentiels ?

Il faut bien arriver à en finir avec cette vision passéiste de l'entreprise. Une vision qui ferait croire à l'entreprise exclusivement «fric» ou l'entreprise uniquement «citoyenne». L'entreprise «démon» ou l'entreprise «ange». Le marketing ou l'éthique. Cette vision fragmentée de l'entreprise semble issue d'un autre temps. Une entreprise a incontestablement besoin à la fois de se donner des lignes directrices, de guider la conduite de ses collaborateurs et de créer de la différence. Différence de ce qu'elle offre parce que différente elle est. Il y a finalement autant de différence entre deux entreprises qu'entre deux individus. Ou entre deux codes génétiques.

Et dans ce cadre, son système de valeurs, à condition de lui consacrer un effort minimum mais suffisant, constitue le moyen le plus adapté pour fédérer l'ensemble. Choisir des valeurs n'est pas renoncer à toutes les autres. C'est exposer et hiérarchiser celles qui seront les plus à même d'exprimer les priorités de l'entreprise.

Dans l'entreprise telle qu'elle est, dans ce qu'elle offre et dans la façon dont elle se projette dans l'avenir. Dans une entreprise réunifiant ses dimensions institutionnelle et marketing.

Bibliographie

Dictionnaire
Alain Rey, *Dictionnaire culturel*, Le Robert, Paris, 2005, IV, «Valeur».

Conférences
Christoph I. Barmeyer et Eric Davoine, «Chartes de valeur et culture(s) de l'entreprise internationale : les limites du transfert de valeurs globales aux filiales locales», non publiée.

André Comte-Sponville dans «Philosophie de la valeur», non publiée.

Marc Guillaume, «Culture d'entreprise : similitudes et différences», conférence donnée au CEFI (Centre d'économie et de finances internationales) lors des Rencontres économiques d'Aix-en-Provence «L'Europe et les États-Unis», non publiée.

Essais
Jean-François Claude, *L'Éthique au service du management*, Paris, Éditions Liaisons, coll. «Entreprise & Carrières», 2002.

Jean-François Claude, *Le Management par les valeurs*, Paris, Éditions Liaisons, coll. «Entreprise & Carrières», 2003.

André Comte-Sponville, *Le Capitalisme est-il moral ?* «La confusion des ordres», repris en Livre de Poche, Paris, 2006.

André Comte-Sponville, *Le Petit traité des grandes vertus*, Paris, PUF, coll. «Perspectives critiques», 1995.

André Comte-Sponville, *Valeur et vérité, Études cyniques*, Paris, PUF, coll. «Perspectives critiques», 1994.

Jean-Marie Dru, *La publicité autrement*, Paris, Gallimard, coll. «Le débat», 2007.

Jean-Noël Kapferer, *Ce qui va changer les marques*, Paris, Éditions d'Organisation, 2005.

Jean-Noël Kapferer, *Les marques, Capital de l'entreprise*, Paris, Éditions d'Organisation, 2003.

Louis Lavelle, *Traité des valeurs*, Paris, PUF, nouvelle édition 1991.

Mill, *L'Utilitarisme*, 1863.

M. Rokeach, *The Nature of Human Values*, New-York, Free Press, 1973.

Marie-Claude Sicard, *Identité de marque*, Paris, Éditions d'Organisation, 2008.

Dominique Wolton, *Penser la communication*, Paris, Flammarion, coll. «Champs Essais», 2008.

Internet (documentation trouvée sur)

«Added Value examine les marques face à l'éthique», article en ligne, influencia.net, 20 juin 2007.

bnpparibas.net

Gérard Caron, article en ligne sur admirabledesign.fr, octobre 2002.

edf.com

Jean-François Gagne, «Marque, ce qu'elle fait à l'intérieur se voit à l'extérieur», article en ligne sur journaldunet.com/management, 10 janvier 2008.

Antoine Garapon, «Question de l'alerte éthique», note de présentation de l'émission «Le Bien commun», France Culture, samedi 4 juin 2005, cf. franceculture.fr

ibm.com/ibm/reponsability/company/management/bcg.shtml

Yann de Kerorguen, «Le droit d'alerte s'immisce dans l'univers de l'entreprise», *La Tribune*, 7 janvier 2006, article en ligne cité sur indi-cerh.net

lafarge.fr

laposte.fr

«Les valeurs de l'entreprise : entre nécessité et enjeux stratégiques», étude mise en ligne sur oboulo.com

«Mon Yahoo! Mail et moi…», la nouvelle campagne de Yahoo! Mail», *Lettre de l'E-marketing*, 23 février 2004.

Isabelle Musnik, «Valeurs d'entreprise : à consommer avec modération», *Influencia*, décembre-janvier 2006.

observateur-cetelem.com

Joachim Soëtard, «Carrières et aspirations professionnelles : que veulent les managers européens de demain ?», article en ligne sur ipsos.com, 22 janvier 2002.

stratégies.fr, janvier 2008.

Laura Traldi, «Point de vue : valeurs de marque», *Stratégies*, article en ligne sur strategies.fr, 9 juin 2000.

worldvaluessurvey.org

Presse

Pierre Blanc-Sahnoun, «L'Humanisme, une valeur révolutionnaire», *Newzy*, novembre 2007, p. 98.

Aurélie Charpentier, «L'achat éthique, entre conviction et scepticisme», *Marketing magazine*, n° 116, octobre 2007, p. 18.

Bertrand Collomb, «Pas d'entreprise sans valeurs», *L'Usine nouvelle*, n° 3023, 21 septembre 2006.

Bernard Emsellem, interview «3 questions à Bernard Emsellem, directeur de la communication de la SNCF», *CB News*, n° 897, octobre 2006.

Olivier Esteves, «Boycott : tout ce que vous avez toujours voulu savoir», *Libération*, 26 mars 2008.

François Régis Hutin, «Pour une nouvelle Renaissance», *Ouest France*, 5 janvier 2008.

Denis Kessler, «De reputationis», *Options Finances*.

«La part de l'image dans la valeur de l'entreprise», *Les Échos*, mai 2001.

Le Figaro Entreprise, 4 octobre 2004.

Catherine Maurey et Thierry Wellhoff, «De l'intérêt bien entendu de l'éthique d'entreprise», *Revue Entreprise*, n° 20, avril 2004.

Franck Mougin «Donner du sens au travail», article de Jacques Trentesaux, *L'Express*, 16 novembre 2006, p. 146-148.

Derek Perotte, «Les entreprises invitées à faciliter la dénonciation de faits délictueux», *Les Échos*, 5 mars 2007.

Personnel, mars-avril 2004.

Alexandra Petrovic, «Le droit d'alerte éthique s'immisce dans l'univers de l'entreprise», *La Tribune*, 7 janvier 2005.

Anita Roddick, «Nos bureaux sont à mi-chemin entre le campus et le kibboutz», *Les Échos*, 27 janvier 2004.

Richard Sénéjoux, «Annonceurs/médias, Comment faire plus si affinités», *CB News*, n° 924, 14 mai 2007, p. 8-9.

Verschoor Curtis C., «Is there financial value in corporate values ?», *Strategic Finance*, july 2005, p. 17-18.

Publications spécialisées

Accenture, *Étude sur les leviers de la performance*, juin 2007.

Collectif, *Les Cahiers de l'Éthique*, «Responsable de l'éthique ou de la déontologie de l'entreprise…», n° 1, janvier 2005.

H. Fusco-Vigné, «Les enjeux de la communication institutionnelle», *Cahier de l'ISM*, juin 1996.

Alexandra Mauduit, «Alerte éthique et entreprise : un mariage forcé ?», rapport du Concours 2006, promotion de l'Éthique professionnelle, 2006, *JO 10*, p. 6-7.

Hervé Mesure et Jacques Lauriol, «L'éthique d'entreprise : présentation, bilan et interprétation», *Humanisme & Entreprise*, n° 267, 2005, p.3.

Divers

Jérôme Bindé (sous la direction de), *Entretiens du xxf siècle, Où vont les valeurs ?*, Paris, Éditions Unesco, Albin Michel, coll. «Bam Idées», 2004.

Rapport Brundtland, «Notre avenir à tous», soumis à l'Assemblée nationale des Nations unies, 1987.

ISPN, Charte de déontologie de l'ISPN.

Observatoire de l'éthique, *Le Guide éthique du consommateur*, Paris, Albin Michel, coll. «Guides», 2001.

Louis Blazy, *Devenir français*, film produit par l'ECPA, 2007.

Sondage TNS-Sofres «Les valeurs des Français», 23 août 2005.

Baromètre UDA-CSA sur la communication d'entreprise, édition 2007.

L'Index des Valeurs, édition 2006 (disponible auprès de l'agence Wellcom).

TABLE DES MATIÈRES

Partie 2
Connaître les valeurs

Partie 3
Engager une démarche valeurs

INDEX

Thierry Wellhoff dirige depuis plus de vingt-cinq ans l'agence de communication Wellcom, qu'il a créée. Partant du constat que les valeurs étaient utilisées avec des visions singulièrement différentes dans le domaine du marketing et dans celui de l'éthique, Thierry Wellhoff a réuni dès 2002 un groupe expert pour conduire une réflexion sur la nature des valeurs en entreprise.

Il a par ailleurs initié, dans le cadre de l'agence Wellcom d'abord, puis avec le concours du réseau Ecco, l'*Index International des Valeurs Corporate*®, étude menée sur plusieurs années auprès de près de 4000 entreprises, dont une part importante des résultats est reproduite dans l'ouvrage en Europe, en Inde et aux États-Unis pour la C4.

Il a aussi animé de nombreuses conférences sur le sujet des valeurs.

Aux éditions Dunod, il a précédemment publié *Quinze ans de signature publicitaire, quand le slogan devient devise*, devenu ouvrage de référence en matière de signature de marque-produit et de marque-entreprise.

* *Étude réalisée par l'agence Wellcom* (www.wellcom.fr)

www.ingramcontent.com/pod-product-compliance
Lightning Source LLC
Chambersburg PA
CBHW061220220326
41599CB00025B/4704